平凡社新書
804

リスク時代の経営学

植村修一
UEMURA SHUICHI

HEIBONSHA

リスク時代の経営学●目次

第Ⅱ部　リスク管理編

はじめに

サイバー攻撃、大震災、異常気象、海外でのテロや爆発事故、新興国経済の減速、国家債務問題、金融市場の動揺、会計不祥事など、企業を取り巻く環境や企業自身が抱える問題は、厳しさを通り越して、まったく予想がつかないものとなっている。

そうしたなか、同業他社とのシェア争いや新製品の開発に注力するだけでは追いつかないのが、企業経営の現状であり、今や「リスクとともに生きる」が新常態（ニュー・ノーマル）となっている。

1986年に西ドイツ（当時）の社会学者のウルリッヒ・ベックが「リスク社会」の到来を叫んでから30年が経つ。

彼は、「近代産業社会がさまざまなリスクを生み出し、我々の生命と社会関係をむしばむ時代を迎えた」（邦訳『危険社会』）と警鐘を鳴らした。もっとも、当時の日本は、これからまさにバブルを迎える時期で、「21世紀は日本の時代」と海外からもてはやされ、国内で地価や株価は「上がりこそすれ下がることはない」と信じられていた。

しかし、その後、日本社会で現実に起きたことは、まさに「リスク社会」の到来であった。バブル経済の崩壊による資産デフレのもとで、「まさか」と思われるような大企業や大銀行の破たんや合併が相次ぎ、終身雇用や年功賃金など、職場の安全神話が崩れ落ちた。

低成長とデフレの長期化は、やがて「失われた20年」と呼ばれる時代の閉塞感をもたらした。そして、２０１１年3月11日の東日本大震災の発生である。「想定外」とされる地震や津波が発生するなかで、原発安全神話はもろくも崩壊していった。


今、ビジネスの世界では、「先が読めない」状況のなかでいかに対処すべきか、との問いかけが繰り返されている。リーマンショック以降、先進国経済が停滞するなかで、グローバリゼーションやデジタル化がますます進展し、わが国では他国に先んじて少子高齢化の波が押し寄せるなど、企業経営において未知の領域が拡大している。ここへきて新興国経済の先行きにも黄色信号が灯っている。

会社組織はもともと大航海時代に、企業家のリスク・シェアリングのために発達したものといわれ、20世紀のケインズと同時代の経済学者フランク・ナイトは、計算できない「真の不確実性」のなかで意思決定する企業家への対価が利潤であるとした。

その意味で、企業経営はリスク管理そのものであり、今はまさに経営の真価が問われる時代というべきであろう。事実、経営学やビジネス戦略に関する本が新たな出版ブームを迎えている。

経営学の論文などで使われる二つの手法、事例研究と統計的検定のうち、事例研究で取り上げられるのは成功事例が多く、失敗事例は、もっぱら成功事例のアンチテーゼとして引き合いに出される。また、統計的検定も、企業のパフォーマンス向上に「有意」な要因を見出すのに使われる。

その結果、経営学は、事業成功のための学問というポジティブなイメージでとらえられやすいが、実は、経営学で説いている内容のかなりの部分は、企業や経営者にとってのリスクマネジメントそのものである。

経営学の本のなかには、リスクという言葉が随所に出てくるし、有名なマイケル・ポーターの「戦略ポジショニング」も、現実の競争というリスクのなかで生き残るための思考フレームワークと理解できる。また、クレイトン・クリステンセンの「イノベーションのジレンマ」は、競争に勝利している成功企業が陥りやすい罠《わな》、そのリスクを取り上げたものである。

経営学は、企業を中心とする組織が活動する領域全体を対象とする学問である。経済学が、普遍的な理論をいろいろな分野に適用しようとするディシプリン（規律）の学問であるのに対し、経営学は、経済学、心理学、社会学といったディシプリンの学問に立脚しながらも、企業行動を、具体的な事例をもとに学ぶ。そういう意味では、他者の事例に学ぶことを重視するリスク管理の基本的なやり方そのものでもある。

学ぶといえば、歴史にも学ぶ。ビジネス書では『孫子』やクラウゼヴィッツの『戦争論』、第二次世界大戦での将軍たちの決断が数多く取り上げられる。戦略（ストラテジー）や兵站《へいたん》（ロジスティクス）に代表される経営学用語の多くも、もともとは軍事教本から取り入れられた。

本書は、こうした観点から、リスクやリスクマネジメントの概念をベースにあらためて経営学の名著やビジネス書を読み解き、それらのインプリケーション（結果として意味するもの）を読者に伝えようという、ユニークな試みである。その際、最近の日本企業の事例や歴史上の事件も、折に触れ取り上げる。

東芝の会計不祥事（2015年春に発覚）に関しては、内部統制の不備や企業文化の問題が取り沙汰されるが、もともとは、事業戦略の失敗による業績不振からきている。また、VW（フォルクスワーゲン）のディーゼル排ガス不正も、北米市場での不振を何とか取り戻そうとのあせりからきたといわれている。その意味で、経営学で取り上げられる戦略論と、いわゆるリスクマネジメントの話は決して別ものではなく、両者は一体となって経営を形成する。

金融機関を中心に、経営戦略を策定する部署とリスク管理を担当する部署が分かれているのが一般的であるが、結果として、前者が策定する経営計画なるものはまず「目標」ありきで、そのあとは、目標を達成するための具体的施策が並んでいるだけである。そこではリスクはあまり語られない。一方、リスク管理を担当する部署は、戦略リスクに関与せず、もっぱら専門技術的なリスクを担当している。しかし、経営戦略とリスクマネジメントを区別すべきではない。

事実、過去の企業の失敗例をみると、いずれも、リスクに対する認識と対応が不十分なことが原因であった。ロシアの文豪トルストイの小説『アンナ・カレーニナ』は、「幸福な家庭はどれも似たようなものだが、不幸な家庭はそれぞれに不幸である」という有名な一文ではじまる。しかし、企業の成功と失敗をみていると、成功の理由（幸運を含めて）はさまざまだが、失敗はリスク管理の不備に起因するものであり、その意味でどれも似たようなものといえなくもない。

本書が、「リスク時代」における経営のヒントのひとつになれば、幸いである。

◆第Ⅰ部　経営戦略編

第1章　戦略なき経営がもたらすリスク

1 ポーターの競争戦略

五つの競争要因

ハーバード・ビジネススクールのマイケル・ポーターの『競争の戦略』（1980年〈原著、以降すべて原著の出版年を記載〉）は、もはや経営学の世界において、古典中の古典に数えられる名著である。

そこで描かれた「五つの競争要因」（ファイブ・フォース）分析や「三つの基本戦略」（コストリーダーシップ、差別化、集中）は、ポーターの名前とともに多くの人がそらんじるキーワードとなっている。また、業界のなかでの自らの位置づけを重視するポーター以降の流れは、ポジショニング学派（スクール）と呼ばれている。

彼は、当時、企業において戦略計画に対する関心が高まっていたにもかかわらず、従来の技法が断片的であり、「業界全体の視野に立つ」という点が不足していることに強い問

五つの競争要因

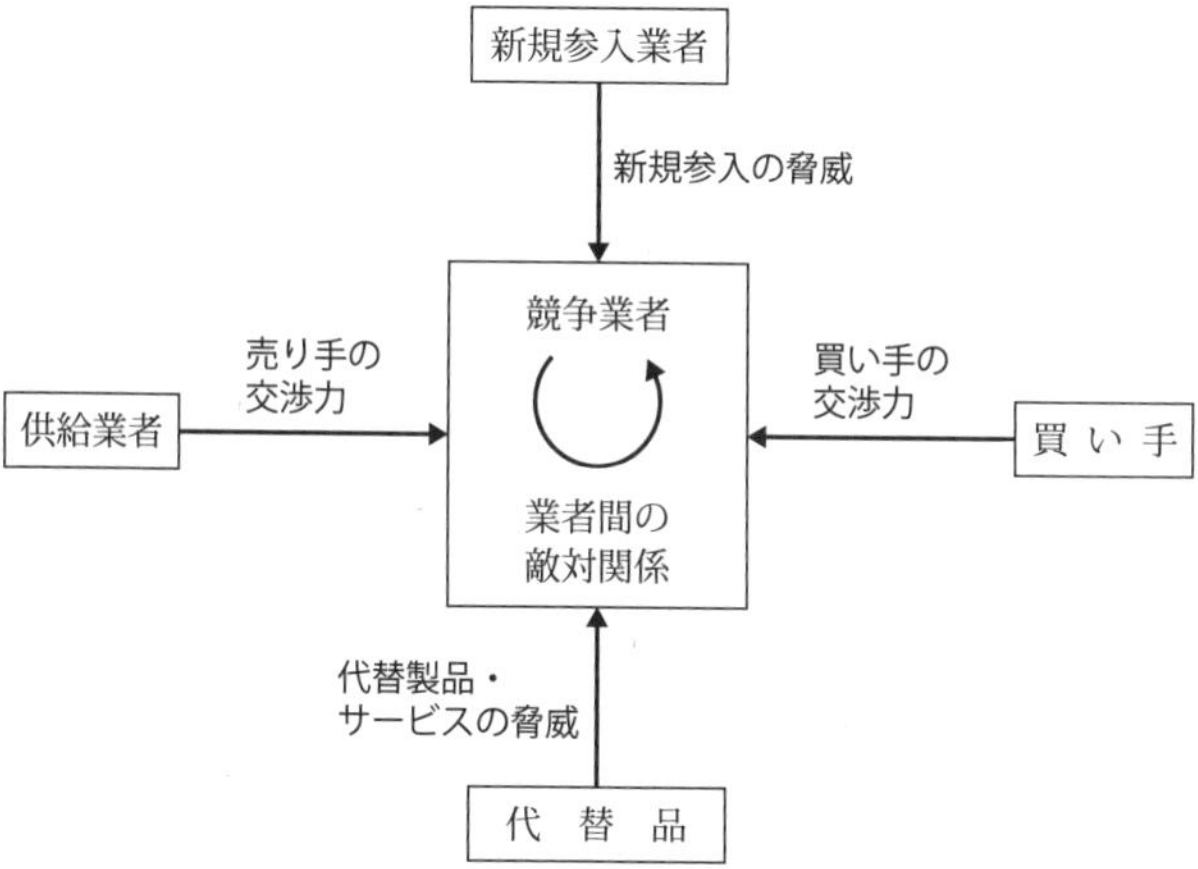

『新訂 競争の戦略』より

題意識をもった。そして、競争に打ち勝つための戦略策定のためには、業界の構造に関する分析と、競争相手に関する分析が欠かせないことを強調した。「五つの競争要因」は、このうち業界の構造分析のためのフレームワークである。

五つの競争要因を、あらためて紹介する。ここでいう競争要因とは、すなわちリスクの要因でもある。

まず、「競争」の定義だが、互いに代替可能な製品をつくる、いわゆる同業者間の敵対関係のみを競争と考えていない。ポーターは、投資家が求める収益率は、経済学のいう「完全競争下」で実現される収益率、すなわち、政府の長期債の利回りにリスクプレミアムを上乗せした水準を上回る収益率であり、この上乗せ幅に影響を与え得る要因すべてを競争要因ととらえた。その意味で競争とは、既存の業者を相手にする競争だけではなく、新規参入の脅威、代替製品・サービスの脅威、買い手（顧客）の交渉力、売り手（供給業者）の交渉力なども競争要因であり、これらをまとめて「五つの競争要因」と称している。

投資収益率が高い、もしくは高いと見込まれる業界において、既存の企業が追加投資をしたり、新規参入業者が現れたりして、その業界に資本が流入してくるのはよくある話である。代替製品の脅威とは、最近でいえば、パーソナルコンピューターやデジタルカメラ、カーナビゲーションにとってのスマートフォンやタブレットのことである。買い手の交渉力とは、大手家電量販店の登場によって家電メーカーの価格交渉力が大きく制約を受ける事態を指す。売り手の交渉力とは、JFEや新日鐵住金の誕生など、製鉄メーカーのM&Aが、主要ユーザーである自動車メーカーの購入価格に及ぼす影響を指す。

このように、ポーターは、企業の収益率に影響を与えるおもなリスク要因を、競争の観点からうまく引き出している。

新規参入の脅威

ポーターは、新規参入の脅威について、参入への障壁がどれくらいあるかが決め手のひとつとする。そして、参入障壁のおもなものとして、規模の経済性、製品の差別化、巨額の投資、仕入れ先を替えるコスト、流通チャネルの確保、規模とは無関係なコスト面での不利、政府の政策の七つを挙げている。

「規模の経済性」とは、一定期間内の生産量が増えるほど製品の単位当たりのコストが低下するという意味である。これが支配的な業界では、新規参入業者ははじめから大量生産に踏み切らざるを得ず、既存の業者から猛烈な反撃を受けるリスクを覚悟するか、もしくは少量生産で出発して、コスト面の不利に甘んじるか（すなわち高い収益率を期待しない）のどちらかになる。後者の戦略については、のちにリアルオプションのところ（第4章）でも取り上げる。

「製品の差別化」とは、既存企業のブランド認知が高く、顧客の信認を得ている場合をいい、新規参入業者にとっては当然不利な状況である。こうした状況で新規参入業者がブランドを確立させるための投資は、失敗したら元も子もなくなるので（経済学でいう、サンクコスト）、とくにリスクが大きいとする。

競争するのに「巨額の投資」が必要な場合（生産設備だけでなく、広告、顧客クレジット、在庫などでもあり得る）、仮に新規参入業者がその資金を資本市場で調達できるにせよ、既存業者に比べ高いリスクプレミアムが課せられる分、不利になる。

「仕入れ先を替えるコスト」には、買い手にとっての、新しい製品に習熟するための従業員再訓練コストや取引関係を円滑化するための精神的コストが含まれる。

既存業者による流通チャネルがあまりにも整然としている場合、新規参入業者は自分の手でまったく新しい流通チャネルをつくり、「流通チャネルの確保」を図《はか》らなければならない。

「規模とは無関係なコスト面での不利」とは、既存業者が特許などで独占を保つ製品テクノロジーなどのほかに、ポーターはエクスペリエンス曲線を挙げている。エクスペリエンス曲線とは、製品生産の「累積」量が増えると、労働者の習熟度の高まりなどによって単位当たりのコストが下がることをいい、「一定期間」の生産量がものをいう規模の経済性とは区別される。

「政府の政策」による参入障壁には、鉄道や航空事業にみられるような直接的な参入規制だけでなく、環境基準や製品の安全性に関する基準のように、それが高度になれば事実上参入障壁になり得るものも含まれる。

既存業者間の敵対関係

一方、ポーターは、既存業者間の敵対関係を激しくするものとして、撤退障壁が大きい場合を挙げる。撤退障壁とは、業界で競争している企業が、収益は低く、あるいはマイナス収益率でもその業界にとどまらざるを得なくしている要因であり、資産や技術の特殊性や撤退のための労働コスト（例えば、退職金の割増）などの経済的障壁以外にも、戦略的、さらには感情的なものまである。彼は、この撤退障壁と前の参入障壁を組み合わせて考えることが、業界分析にとって役に立つとした。

障壁と収益性

参入障壁＼撤退障壁	小	大
小	見返りは低いが安定する	見返りは低くてリスキーである
大	見返りは高くて安定する	見返りは高いがリスキーである

『新訂 競争の戦略』より

参入障壁が大きく撤退障壁が小さい場合、新規参入が少なく不振な企業は退出するので、業界全体にとっての利益は大きく安定する。参入障壁も撤退障壁も大きい場合、新規参入は起こりにくくても、不振企業がいつまでも業界にとどまって競争を続けるため、大きな収益の可能性があっても、リスクを伴う。

参入障壁も撤退障壁も小さい場合は、安定はするが魅力の乏しい業界といえる。最悪なのは、参入障壁が小さく、撤退障壁が大きい場合である。参入が容易なので、景気が良くなるなど、短期的要因で新規参入が増えるが、経済情勢が悪くなっても撤退が難しいので、いつまでも過当競争が続く。

ポーターの三つの基本戦略

このように業界の競争を左右する要因とその根底にある理由がつきとめられると、企業は業界平均に比べた自社の長所や短所をみつけやすくなる。そして、五つの競争要因にうまく対処し、業界内で防衛可能な地位をつくり、企業の投資収益を大きくするためのアクションをとっていく。ポーターは、これこそが競争戦略であるとする。その際、彼は三つの基本戦略を提唱する。それが、コストリーダーシップ、差別化、集中である。

「コストリーダーシップ」とは、同業者よりも低コストを実現するという一貫した戦略を追求することであり、結果的には五つの競争要因すべてに対して有利な地位を築くことができる。実際、およそ企業経営に携わる者にとって、程度の差はあれ、コスト面を考慮しないということはあり得ない。

「差別化」とは、業界のなかでも特異だとみられる何かを創造しようとする戦略で、製品の設計や特徴、ブランドイメージ、顧客サービス、流通ネットワークなど、複数の差別化要因があり、コストリーダーシップとは違う方法で、五つの競争要因に対処できる安全な地位をつくり出せるとする。

「集中」とは、特定の顧客グループ、製品の種類、地域市場などへ、企業の資源を集中する戦略であり、絞られた分野についてみると、低コストも差別化も実現できるため、三つの基本戦略の関係を図示すると、左上図のようになる。また、業界によっては、小さい企業が集中または差別化によって、大企業がコストリーダーシップによって、それぞれ収益率が高いのに対し、中規模の企業の収益率が低いことがあるとする。

三つの基本戦略

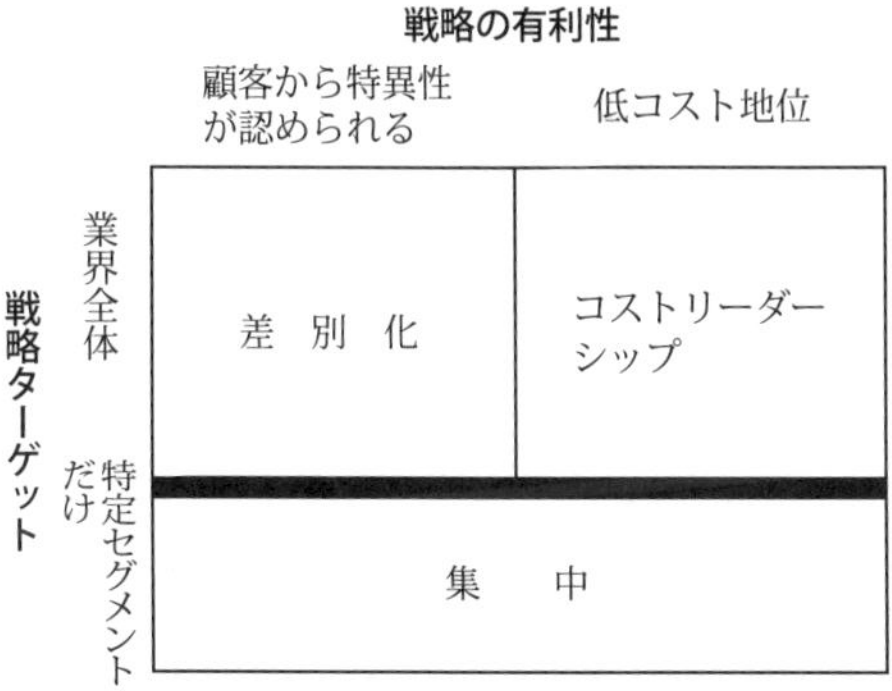

『新訂 競争の戦略』より

基本戦略のリスク

ポーターはまた、三つの基本戦略のもつリスクにも言及している。

まず、コストリーダーシップ戦略は、規模の経済性やエクスペリエンスを参入障壁に利用する場合と同じリスクに弱いとし、例として、①過去の投資や習熟が無駄になってしまうような、テクノロジーの変化、②業界への新規参入業者がずば抜けて新しい生産設備に集中投資するなどで、低コストの方法を身につけてしまう、③コストに目を奪われるあまり、製品やマーケティングのイノベーションがおろそかになってしまう、ことなどを挙げている。②については、日本の電機メーカーが、近年、中国、韓国、台湾などのメーカーに追い上げられた例がある。

差別化戦略のリスクについては、①低コストを実現した業者とのコスト差があまりに開きすぎて、差別化によるブランド力が維持できなくなる、②差別化に対する買い手のニーズが変化する、③模倣が一般的となり、買い手が差別化と認めなくなる、などを挙げている。

集中戦略については、①拡散戦略をとる業者とのコスト差が開きすぎて、狭いターゲットでの差別化が意味をなさなくなる、②戦略的に絞ったターゲットと市場全体で求められる製品やサービスの間に、品質面や特徴面での差が小さくなる、③戦略的に絞ったターゲットの内部に、さらに小さな市場を同業者がみつけて、集中戦略を進める企業を出し抜いてしまう、などのリスクを掲げている。

業界環境のタイプ別競争戦略

ポーターは著書のなかで、業界環境のタイプ別（多数乱戦業界、先端業界、成熟期へ移行する業界、衰退業界、グローバル業界）に、競争戦略を説いている。このうち、先端業界は、とくに不確実性が高いことが業界環境としての特徴であることから、終章で触れるシナリオ・プランニングという手法を提唱する。

一方、衰退期の業界では、需要の減少テンポについて、競争業者がどのようにみているかということが、その後の競争を左右するとする。その際、競争業者が強力な地位を占めているほど、あるいは撤退する際の障壁が高いほど、将来予測に楽観的な色彩が濃くなるとしている。

このように、ポーターの理論は、「業界」に着目して、企業の競争優位性を考えるものであるが、それはとりもなおさず、ビジネスそのものに関するリスクを考えることである。実際、企業経営者にとって、いかなるリスクを第一の脅威と考えるかと問われた場合、経済などのマクロ要因よりも、業界内での他社との競争を挙げる人が多いのではないだろうか。ポーターが同著を世に出してから35年が経つが、いまだに多くの支持を得ているのも、こうした経営者の実感、あるいは企業経営の実態にかなっているからであろう。その意味で、やはり欠かすことのできない経営の書である。

2　ランチェスターの法則

兵力の逐次投入・分散のリスク

イギリスのエンジニアであったフレデリック・ランチェスターは、第一次世界大戦における戦闘を分析し、勝ち方に関するルールを見出し、数理モデルとして示した。ランチェスターの法則である。

それは二つの法則から成り、第一法則とは、一騎討ち型の接近戦のように一人が一人を狙う場合には、双方の武器の性能が同じであれば、兵力差がそのまま生存数の差になるというものである。一方、第二法則（集中効果の法則とも呼ばれる）とは、集団と集団が相互に見渡せる場所において、無差別に相手を狙う場合、双方の武器の性能が同じであれば、兵力数の二乗倍で生存数の差が生じるというものである。

この法則のインプリケーションだが、兵力の少ない側は、第二法則が成立するような戦いを避け、できるだけ一騎討ち型の戦闘にもち込むべきだということである。

一騎討ち型の方が、短期間で殲滅《せんめつ》されることを防ぎ、うまく相手方の兵力を分断できれば、兵力差の不利を埋めることができるからだ。武器の性能で差をつけることができれば、勝機はさらに増える。逆に兵力の多い側は、それをフルに活用する集中効果型の戦闘をめざすべきで、戦場はできるだけ広い方を選ぶのがよい。

ランチェスターの法則の実用例

ランチェスターの法則は、実際、アメリカ軍によって、第二次世界大戦やその後の軍事戦略のなかに組み入れられたといわれている。

一方、日本においては、戦後、マーケティング手法に積極的に取り入れられ、ビジネスの世界で普及した。例えば、市場シェアが劣る企業は、広域ではなく、重点地域を定めてそこに資源（営業スタッフや広告宣伝費など）を集中投入すべきだとか、新たな土地に進出する際には、東京都心や福岡市、仙台市のような集中効果型の戦闘が行われるところは避け、その周辺立地から入り、のちに、より大きな商圏に進出すべきだといった具合である。

武器の性能という点では、営業スタッフの顧客との密着度、サービスのキメこまやかさで差をつけることが考えられる。大手銀行と信用金庫の渉外の違いなどが例で取り上げられる。

ランチェスターの法則の帰結としてよくいわれるのが、兵力の小出し、いわゆる逐次投入は厳禁だという点だ。常識といえば常識だが、現実には、相手の兵力の過小評価や、自軍の戦力をできるだけ温存したいとの願望から、結果的に小出しにして敗北につながる例が多くみられる。

この点、有名な事例が、ガダルカナルの戦いにおける日本軍の失敗である。アメリカ軍の上陸を本格反攻と認識できなかった日本軍は、海兵隊1個師団約1万6000人が待ち受ける強固な陣地に対し、一木支隊、川口支隊、第2師団と戦力を逐次投入したために各個撃破された。結果、延べ3万2000人が投入されたのち、島から生還したのは約1万人という惨状であった。

ちなみに、日本銀行の黒田東彦《はるひこ》総裁は、2013年3月の就任時に、「兵力の逐次投入はしない」と言明し、強力な金融緩和を推し進めた。念頭には、太平洋戦争における日本軍の失敗があったのだろうか。

ガウガメラの戦い

小出しではないものの、兵力を「分散」した結果、大軍が敗れる、逆に、一見弱者とみられた側が、機動力を活かした「集中」により強者を破る例は歴史上枚挙にいとまがない。

紀元前331年のガウガメラの戦いは、アレクサンドロス大王がダレイオス3世率いるペルシア軍を破った戦いであり、ダレイオス3世の死去とペルシア帝国の崩壊をもたらした決定的な戦いであった。

その2年前に行われたイッソスの戦いで一敗地にまみれたダレイオス3世は、広大な帝国じゅうから兵力をかき集め、ティグリス河に近いガウガメラの平原でふたたびアレクサンドロス大王と対峙した。ペルシア軍の正確な人数はわからないが（50万人とも100万人ともいわれる）、数万人のマケドニア軍に対し、少なくともその4倍から5倍という、圧倒的な兵力差を有していたといわれている。

ランチェスターの法則にのっとれば、ダレイオス3世は第二法則に従った正攻法をとっており、逆にアレクサンドロス大王はこうした平原での戦いを避けるべきであった。しかし、彼は「数的不利を補うべく夜襲をかけましょう」という部下の進言を退け、むしろ、ペルシア軍との戦いに決着をつけるべく平原での戦いを望んだ。

ペルシア軍の隊列はあまりにも強大で、このままでは包囲されると考えたアレクサンドロス大王は、わざと左右側面の騎兵隊を自軍から離れるように後退させ、追いかけるペルシア軍とダレイオス3世との間に隙間をつくらせた。そして、自軍の中央を重装歩兵の密集方陣（ファランクス）で固めるとともに、自ら騎兵隊を率いてダレイオス3世に迫る好機を待った。

決定的瞬間がきたと判断した、アレクサンドロス大王とその部下たちによる果敢な突撃に対し、イッソスの戦いと同じようにダレイオス3世は背を向け、戦場からの離脱を図った。その結果、寄せ集めの軍隊であったペルシア軍は直ちに崩壊した。こうしてアレクサンドロス大王はインド近くにまで及ぶ大帝国の支配者になった。

こうしてみると、アレクサンドロス大王は、表面上は第一法則に反した行動をとりながら、実は極めて忠実に一騎討ち型の戦場をつくり出したことがわかる。機動力と集中力のたまものである。

一方、日本では、桶狭間の戦いにおける織田信長がそうであった。最近の研究では、夕立を避けて休息する今川義元の大軍に信長が奇襲をかけたという、テレビでおなじみのストーリーではなく、義元の本軍に対し正面攻撃に近い形で、信長軍が戦闘をしかけたのではないかといわれている。

それが可能であったのは、義元が信長方の城や砦を攻略すべく軍を分けたためで、その周囲を固める戦力と信長軍との差がおおいに縮まったからであった。

すなわち、義元は、ランチェスターの第二法則に反する行動をとり、わざわざ信長につけいる隙を与えたことになる。その前提として、信長が容易には清洲城から出てこないとの思い込みがあったといわれているが、戦いにおいては、ランチェスターの法則に反することへのリスクを考える必要があり、逆に、相手側に法則に反するよう仕向けることでチャンスが広がっていく。

3　競争優位の終焉

ハイパー・コンペティション

コロンビア大学ビジネススクールのリタ・マグレイスは、最近の著書『競争優位の終焉』（2013年）のなかで、ファイブ・フォース分析、コア・コンピタンス（後述）など、既存の戦略フレームワークやツールは、「持続する競争優位を確立する」という戦略目的のある点でもはや時代にそぐわない、むしろ競争優位の罠に陥ると警告する。

彼女は、自由貿易の拡大や技術進歩などのせいで、世の中の変化のテンポが格段に高まったことから、持続する競争優位という概念に代えて、「一時的な競争優位」にもとづく戦略を確立する必要性を説く。不安定で不確実な環境で勝つためには、経営陣は、つかの間の好機を迅速につかみ、かつ、確実に利用する方法を学ばなければいけないという。同様に、「業界がもっとも重要な枠組みだ」とする伝統的な考え方にも疑問を投げかける。現実には、それまで業界内で優位な地位を築いてきた多くの名門企業が、想定もしていなかった他業界からの侵略によってやられているからである。

同書でも紹介しているように、ダートマス大学のリチャード・ダヴェニらは、競争優位が長続きしなくなった最近のビジネス環境を、「超競争」（ハイパー・コンペティション）と名付けている。企業にとっての存続リスクの高まりである。

こうした状況のもとで、マグレイスは、フォーカスすべき視点なり戦場を、業界から「競技場」（アリーナ）に替えろと説く。

業界とは、代替品となる比較的似かよった商品を扱う同業他社の集まりであり、彼ら同士がライバルである。これに対し、アリーナとは、顧客が求めるソリューションにもとづくカテゴリーであり、そうした結果を得られる代替手段すべてを含む概念である。

例えば、最近、グーグルやアップルがスマートウォッチを発売したが、その機能からすれば、インターネット端末はもちろん、腕時計や健康診断器具などあらゆる商品のメーカーにとって、彼らがライバルになったことを意味する。そこでの成功の尺度は、個々の製品のシェア（例えば、腕時計や体温計）ではなく、機会領域のシェアとなる。

例外的成長企業の例

例外的成長企業	事業	本拠地	設立年	時価総額*	従業員数
インフォシス	ITコンサルティングなどのサービス	インド	1981	31,894	113,800
ヤフー	インターネット関連のソフトウェアとサービス	日本	1996	20,334	4,882
HDFC銀行	多角化された銀行	インド	1994	16,554	51,888
ACS	建設とエンジニアリング	スペイン	1983	15,525	142,176
コグニザント・テクノロジー・ソリューションズ	ITコンサルティングなどのサービス	アメリカ	1994	13,312	78,400

『競争優位の終焉』より　＊単位：百万ドル

例外的成長企業とは

マグレイスは、2000年から09年まで確実に成長した企業10社を抽出し、それらの経営手法を分析することによって、六つの「戦略の新たなシナリオ」をまとめた。この10社は、2000年から09年までの10年間（そのなかにはリーマンショック後の不況も含まれる）、純利益を一貫して5パーセント以上伸ばし続けた、「例外的成長企業」である（その例が上の図）。

結論として、これらの企業は、会社の方針に沿った長期的展望を有していると同時に、現在行っているいかなる活動も、将来の成長を約束するものではないと認識しているとする。とくにビジネスモデルに関しては、「途方もない」内部の安定性を保つ一方で、「途方もない」対外的な俊敏性（アジリティ）を発揮するという、両面を兼ね備えていると特徴づけた。

彼らは、アリーナからアリーナへ移行する能力をもち、そのなかで一定のライフサイクル・ステージ（開始→成長→活用→再編成→撤退）をこなしていく。追い込まれての大幅な人員削減や事業再編ではなく、規則的な周期で撤退が起き、まさに「一時的優位性の波をうまく管理する」と評している。

以下、マグレイスが描く新たなシナリオである。それぞれにおいて彼女は、前述の「例外的成長企業」10社における具体的な例を挙げて、解説する。

シナリオ1　継続的に変わり続ける
シナリオ2　衰退の前兆をつかみ、うまく撤退する
シナリオ3　資源配分を見直し、効率性を高める
シナリオ4　イノベーションに習熟する
シナリオ5　リーダーシップとマインドセット（発想）を変える
シナリオ6　あなた個人への影響を考える

このうち、シナリオ1と4の内容を次に紹介する。これらは、アリーナからアリーナへ

という、「一時的優位性の波を管理する」ために、必須と考えられるからである。ただし、ほかのシナリオも重要であることに変わりない。

安定性とアジリティの両立

シナリオ1では、「例外的成長企業」が、どのようにして安定性とアジリティという、一見、矛盾する要求を両立しているのかという課題を取り上げる。

まず、安定性の源泉として、①非常に高めの目標（「野望」）の設定、②価値観や文化の重視とそのための投資、③従業員の教育とスキルアップへの意欲的な取り組み、④社会経済環境の変化にもぶれない戦略と、安定したリーダーたちの存在、⑤顧客や従業員との安定した関係、に注目する。

一方、アジリティの源泉としては、①痛みを伴わない小さな変革の積み重ね、②資源配分の組織中央での管理（「資源を事業部門に人質としてとられるな」と表現）、③戦略の調整と資源配分の柔軟な変更、④継続的な主要業務としてのイノベーション、⑤オプション志向での市場開拓、の五つを挙げている。

⑤のオプション志向での市場開拓とは、小さな初期投資をして好機を探り、うまくいきそうなものがみつかれば、その後、本格的に投資するというやり方である（第4章で述べ

るリアルオプション)。すなわち、大がかりでリスクの高い、一か八かの賭けに出ることはない。

例外的成長企業は、多様だが関連性のあるポートフォリオをもっており、新たな選択肢を探りながら既存事業の再構成に投資できている。いくつかのフェーズの事業セグメントをもつことによって、全体として業績が安定したわけで、ビジネスの全体的リスク管理である。

安定性とアジリティという概念は、一見、相容れないものであるが、この二つを巧みに両立していることこそ、例外的成長企業が例外的成長企業であるゆえんとマグレイスはみる。

明白な価値観を伴う安定した組織環境のおかげで、従業員は新たなものへチャレンジするリスクを冒すことができ、これによる絶え間ない小さな変化の継続が、組織を活気づけるとともに、大規模な業務再編に追い込まれるリスクを減らす。これは、安定性がリスク耐性をもたらし、リスク耐性が安定性をもたらすとも表現できる。

結局、マグレイスは、「いずれにせよ、私たちの調査で重要だったのは、資本構成、資本コスト、資産価格、時価総額といったハードな分析対象ではなかった」と結論づける。

イノベーションへの習熟

シナリオ4では、イノベーションに習熟するためのやり方を扱う。

マグレイスは、例外的成長企業は、イノベーション・システムの各局面を管理する能力が極めて高いとする。具体的には、イノベーションのための全体的な枠組み（ガバナンス）の存在である。誰が何をやるのかが明確で、かつ、組織全体でイノベーションを推進していく体制が構築されている。

まず、アイデアの種ができたら、コンセプトを具体化した計画が立てられる。仮説をもとにしたさまざまなビジネスモデルが検討され、詳細な計画が策定されていく。

次に、テストケースやプロトタイプを使った市場テストが行われ、製品やサービスが最終的に顧客からどうみられるか、丁寧に検証していく。例外的成長企業ではない多くの企業が、このプロセスを拙速にすませるというリスクを冒すとしている。

イノベーション・プロセスの最終段階は、アイデアが実際に市場に投入され、商品化へ向けて規模を拡大するときである。慎重な検証プロセスから、迅速な規模拡大プロセスに移行する。コンセプトの支配権は、それまでの検証に携わったチームから、他の事業と同じ保守的な評価基準をもつマネジャーや体制のもとに置かれる。より直接的に市場のリス

ビジネスチャンスのポートフォリオ

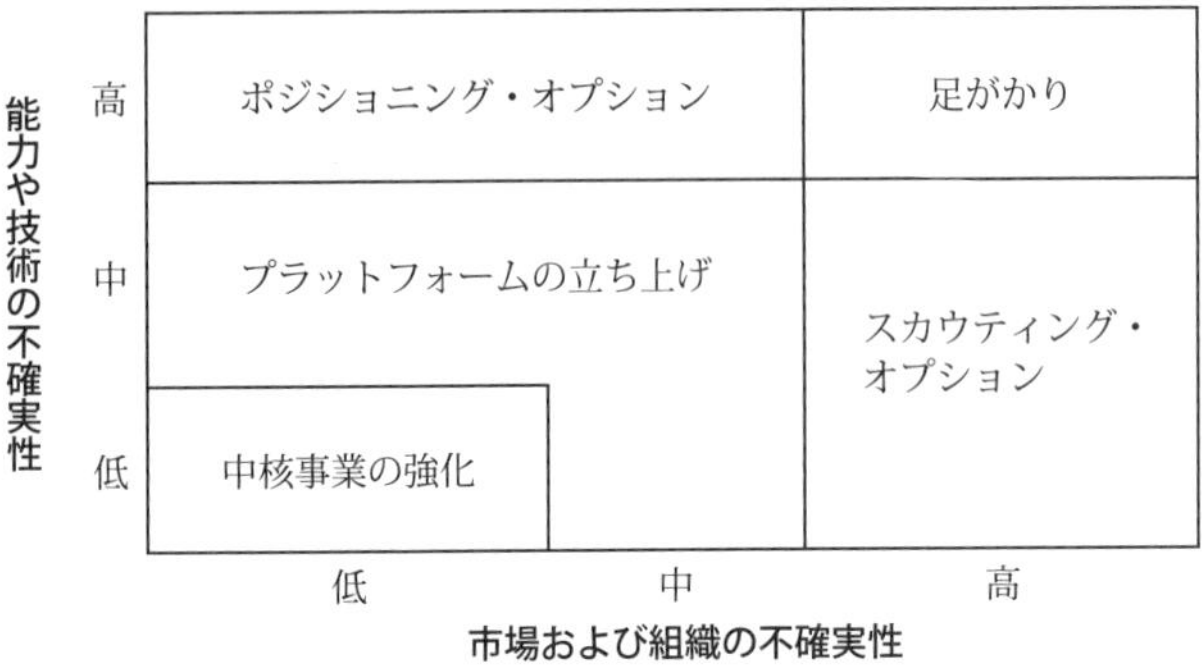

『競争優位の終焉』より

クにさらされるときがくるわけである。

なお、マグレイスは、ビジネスチャンスを分析するためのポートフォリオを示している。これは不確実性をもとにしたマトリクスで、横軸が、市場に関する（組織内と外部の双方の）不確実性、縦軸が、さまざまなプロジェクトで用いられる能力や技術の不確実性である（上の図参照）。

市場の不確実性も技術の不確実性も比較的低い分野は中核事業とし、事業を強化することになる。それに比べてともに不確実性がやや高いものの、まったく未知の場所ではなく、次の中核事業と考えられる分野では、プラットフォームを立ち上げる。先ほどのイノベーション・プロセスでは、規模拡大の最終段階にあるプロセスである。

第三のカテゴリーは、オプションへの投資である。今日行う小規模な投資であり、将来もっと大規模な

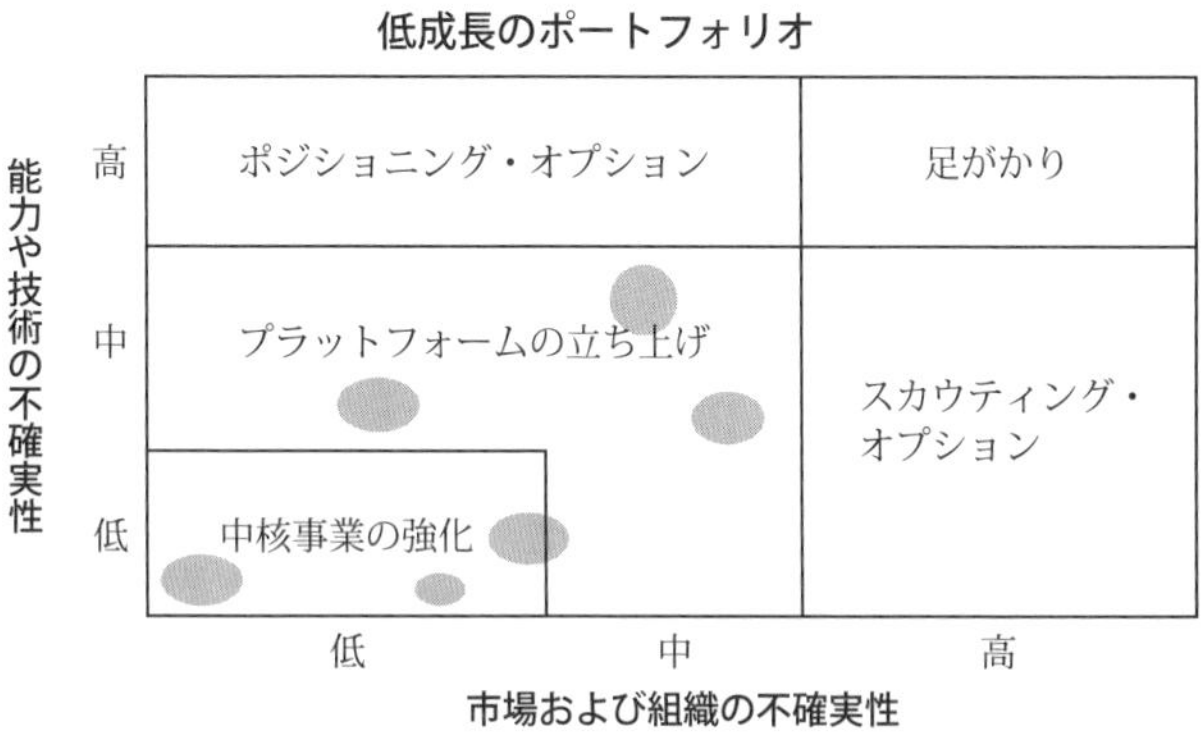

『競争優位の終焉』より

投資を行う権利を確保するための分野だが、その義務を負うわけではない。彼女はオプションをさらに三つに分類する。

まず、需要があることがわかっていても、それを満たすために必要な技術や能力の組み合わせがわかっていない場合、幅広いオプションを維持する必要がある（ポジショニング・オプション）。

次に、使途が明確な能力や技術をもっていて、それを、市場の不確実性が高い新たなアリーナにもち込もうとしている状況である（スカウティング・オプション）。最終的に何が有効かわかるまで、かなりの量の試行やテストを必要とする。

最後に、需要が生じ、やがてはそれに対応できるまで技術が進歩すると考えられるが、その時期はまだ先という状況である（足がかり）。

マグレイスは、これをもとに自社のイノベーション・プログラムの現状を知ることがまず大切だと説く。各プロジェクトを分類した結果、前ページの図のようなポートフォリオができあがったとしたら、遅々とした低成長しか組織にもたらさない可能性が高く、めざしている成長と現状のギャップを埋める努力が必要になる。

第2章

「強み」を活かしてリスクを抑える

1　コア・コンピタンス経営

リストラを迫られる名門企業

ロンドン・ビジネススクールのゲイリー・ハメルやミシガン大学のC・K・プラハラードが『コア・コンピタンス経営』を出したのは、1994年のことである。日本を含め、当時、大変話題となった。

同書の冒頭に記されている彼らの問題意識とは、かつては業界のリーダーであった幾多の名門企業、例えば、シアーズ、ゼネラル・モーターズ（GM）、IBM、ウエスチングハウス、コダックなどが、リストラクチャリングという名前の大量の人員削減を迫られ、苦しんでいるさまを目の当たりにして、果たしてこれでいいのか、なぜこういう事態になったのか、経営幹部は本来何を考えるべきかを解き明かすことであった。

「果たしてこれでいいのか」という点については、収益率を改善しろと投資家に求められたCEOたちが、積極的に分子（純利益）を増やすのではなく、分母（投資、純資産、使用資本など）を減らすという手軽で確実な方法を選ぶことは、投資家の短期的な期待に応えることになるかもしれないが、「目の前の利益のために会社の将来を他社に売り渡すようなもの」（これは、マーケティング戦略家が収穫戦略と呼ぶもの）であると断じる。

実際、1994年当時を基準として、過去3年以上リストラクチャリングを行っているアメリカの大手16社を対象とした調査結果によると、リストラクチャリングにより会社の株価はたしかに上がったものの、その効果は一時的で終わり、一方で、社員の士気は低下し、さらには地域社会に与える影響など社会的コストも大きいと憂慮する。

未来を創造しないリスク

「なぜこういう事態になったのか」という点については、そうした企業の経営幹部は、短期的な課題を優先し、彼らにそれを実行する行動力はあっても、事前に未来をイメージすることが足りなかったからだと結論づける。

ちなみに、ハメルたちは、いろいろな企業の経営幹部に次の三項目の質問を試みた。

質問1　「間接費の配分など社内の問題ではなく、新しい技術がどのようなものかを理解するなど社外の問題に、あなたはどれくらいの時間を費やしていますか」

質問2　「社外の問題のうち、次の大きな契約をとる心配や、競合他社の価格競争への苦慮という現在の問題ではなく、5年から10年後の産業の変革などの未来に向けた問題にどれくらいの時間を費やしていますか」

質問3　「社外の問題で未来に関するものについて、個人の枠を超えて未来への視点を仲間と共有するために、どれくらいの時間を議論に費やしていますか」

結果、回答のほとんどは「4割、3割、2割の法則」に当てはまるとしている。

すなわち、経営幹部の4割の時間が社外の問題に、そのうち3割が未来に向けた問題に、さらにそのうち2割が未来への共通な視点を社内で築くために使われるというのだ。結果的に、会社の未来をどのように展望するかを仲間と考えるために費やす時間は、平均して1日の3パーセントに満たない（4割×3割×2割＝2・4パーセント）ことがわかる。

「未来を創造しろ、そのための視点を確立せよ」

これがハメルたちの主張のポイントの第一であり、同書は、未来を考えないことのリスクへの警告書といえる。ちなみに、本書の原題は、“Competing for The Future”（未来に向けて競争する）となっている。

ストレッチ戦略とレバレッジ戦略

では、どうすれば未来を創造できるのか、これが次のポイントになる。未来を創造するのに必要な会社の資質として、彼らは、

① 未来のための競争が現在の競争と違うと認識する能力
② 未来の市場機会を発見する洞察力を築く仕組み
③ 未来への長くて険しい道に向かって、会社全体を元気づける能力
④ 過度のリスクを避けながら、競合他社を追い抜いて未来に一番乗りする能力

の四つを挙げる。そして、これらの能力を磨き、実践するプロセスを、日本企業を含む、具体的な事例で解説していく（1977年の時点で、コンピューターと通信の融合を自社未来図に載せたNECを好事例として紹介している）。

しかし、未来に何かを賭けることは、必ずしも、多大な投資や、あるひとつのことで会社を危険にさらしてしまうリスクをとることを意味するわけではないと強調する。「目標が先にあればあるほど、規模が大きくあと戻りが難しい経営資源の投入には慎重でなければ

ばならない」「なぜならば、産業のだいたいの発展方向を予測することはできるが、技術であれ標準であれ、特定の製品やサービスであれ、途中で通る正確な道筋を完璧に予測することはできない」からである。

リスクを抑えながら、未来をつくるうえで効果的なやり方として彼らが提唱するのが、ストレッチ戦略とレバレッジ戦略である。

「ストレッチ戦略」とは、まず、あえて現状の能力や経営資源では明らかに力不足な戦略方針をうち立てることからはじめることである。組織に相当なストレッチ（背伸び）を求めることで、戦略設計図に描かれた道を走るエネルギーを組織に与えるやり方と説明される。その際、ハメルたちの念頭にあったのが、ゼロックス、キャタピラー、RCA（かつてアメリカのカラーテレビ市場を独占していた家電メーカー）、ゼネラル・モーターズ（GM）などアメリカの巨大企業の牙城に挑んだ、キヤノン、コマツ、ソニー、ホンダなどの日本企業である。

これらの企業は、経営資源がはるかに劣っていたにもかかわらず、相手方の巨人を打倒することを目標に掲げた。1960年代のうちに月にたどり着くという、ジョン・F・ケネディ（第35代アメリカ合衆国大統領）が発表した目標がそうであったように、そうした目標は、社員に目的意識ややりがいをもたらしたとする。従来の戦略論が、現有《げんゆう》の資源と新しいビジネスチャンスの整合性を重視していたのに対し、ストレッチ戦略は、経営資源（実態）と目標（理想）の間に意図的な不整合をつくり出すものである。

ただし、たんに不整合をつくり出しただけでは、リスクを抑えながら未来をつくることにはならない。むしろ、未来に賭けることで、会社を危険にさらしてしまう可能性の方が高いといえる。最終的には、戦略方針が切り開く夢と経営資源の間の溝を埋める方法をみつけなければならず、それが「レバレッジ戦略」、すなわち経営資源を最大限やりくりする知恵を兼ね備えることである。ストレッチと経営資源のレバレッジとは、必要が発明の母であるように、前者が後者の母の関係にあるとする。

そして、経営資源をレバレッジする際のキーワードとして、「コア・コンピタンス」という概念を重視する。

コア・コンピタンスとは

コア・コンピタンスの定義は同書の第1章で書かれており、「顧客に対して、他社には真似のできない自社ならではの価値を提供する、企業の中核的な力」と述べている。それは、個別的なスキルや技術ではなく、それらを束ねたものである。例えば、フェデラル・エクスプレスのもつ宅配便のパッケージ経路や集配というコア・コンピタンスは、バーコード技術、無線通信、ネットワーク管理、線形計画などのスキルを統合したものであり、個々のスキルや組織という枠を超えた学習の積み重ねであるとする。

コア・コンピタンスであるためには、以下の三つの条件を満たす必要がある。

まず、コア・コンピタンスは顧客の利益を中心に据える概念であり、顧客に認知される価値を十分に高めるものでなければならない。また、コア・コンピタンスとして認められるためには、競合他社との違いをだす、ユニークなもの（独占という意味ではなく、レベルが他社に比べ数段すぐれているという意味）でなければならないとする。この2点で、当時のホンダの伝動装置を例に出している。そしてコア・コンピタンスは、新製品や新サービス市場への参入の基礎を形成する、すなわち、企業力を広げ得るものとする。

逆に、コア・コンピタンスとはいえないものとして、工場、流通チャネル、ブランド、特許権といった、会計学用語で「資産」として認識されるものを挙げる。それらは、スキルというより「モノ」であって、直ちにはコア・コンピタンスではない。ただし、それらを管理する能力、例えば、トヨタのリーン生産方式（無駄を省く生産管理手法として、1980年代から90年代にかけてアメリカで注目された）は、コア・コンピタンスであるという。

また、コア・コンピタンスは、企業にとっての競争優位の源泉だが、競争優位の源泉となっているものが、すべてコア・コンピタンスではないと、ハメルたちはいう。ライセンス契約の締結による国内取り扱いの独占や、有利な事業立地などは、競争優位をもたらしても、それらは、才能やスキルではない。

なぜ彼らが、コア・コンピタンスとその他の競争優位を区別することを強調するかというと、企業が、資産やインフラを基盤とした競争優位に安住し、独自の企業力を構築するための投資を怠りがちであるからだ。すなわち、成功者ほど現在の競争優位に甘んじるリスクがあるとする。

ハメルたちは、同時にまた、10年単位でみたときに、ある時期にコア・コンピタンスであったものが、次の時期には単なる能力のひとつにすぎなくなってしまうことがあり得るとする。少なくとも自動車1台当たりの欠陥率を尺度として自動車の品質を評価すると、1970年代から80年代には品質が日本の自動車メーカーのコア・コンピタンスであったものが、90年代半ばになると、必ずしもそうとはいえなくなった。最終製品のマーケットシェアのみならず、そこに至るまでに、コア・コンピタンスをめぐるさまざまなレベルの競争があるからだ。そして、ほとんどの企業や戦略論の考え方が、最終製品におけるシェア争いにとらわれているが、未来のための競争はそれ以前の段階で行われるとする。

未来を考えるとき、市場の展望だけで、コア・コンピタンスを展望しないリスクもまた大きいという。

戦略についての考え方を変える

最後に、ハメルたちは、「戦略」というものについて、その言葉にイメージされる古い枠組みを捨て去り、新しい枠組みに移行することを提唱している。古い枠組みとは次のようなものだ。

長期　→　遠い先の利益
野心　→　リスクをとる
取組　→　多大な資金

これに対して、戦略の新しい枠組みとは次のようなものである。

長期　→　業界の変革についての考え方とそのやり方
野心　→　経営資源のレバレッジを利用してリスクを減らした、ストレッチした向上心
取組　→　首尾一貫した知的で感情的な決断

未来の市場に一番乗りすることとは、リスクに賭けるのと同じ意味ではない。それは、大胆な投資をするということではなくて、大胆な野心に伴うリスクを減らすことを意味するとする。

「未来を創造する。そのために戦略の考え方を変える」

これが彼らの強いメッセージである。

2 RBV(リソース・ベースト・ビュー)とは

外部環境より内部資源を重視する

業界の競争環境という、企業にとって外部の環境を重視し、そのなかで自らの立ち位置を考えるマイケル・ポーターらポジショニング学派に対して、企業が有する内部の経営資源の優位性を重視する戦略論があり(ケイパビリティー学派)、その代表が、オハイオ州立大学のジェイ・B・バーニーのRBV(リソース・ベースト・ビュー)である。そのRBV

を記した彼の代表的な著作が、『企業戦略論』（1996年）である。

ただし、ほかの経営学者の著書とその彼（もしくは彼女）が提唱する有名なフレームワークとの関係がそうであるように、著書のなかで直接RBVを論じるのは、一部の章であり、全体は膨大な量の戦略論テキストとなっている。

ちなみに、バーニーが序章で書いている同著の目的とは、「企業戦略論ならびに関連分野での最新の研究成果を学生や実務家にわかりやすいかたちで要約・統合し、その現実への応用を促進すること」にある。

バーニーは、競争環境を重視する既存の分析手法には、既存企業にせよ潜在的新規参入企業にせよ、個々の企業の組織内部に対する視点が欠けている点で限界があるとする。戦略が企業の競争優位の源泉になるためには、①企業の内部条件としての強み（Strengths）、②企業の内部条件としての弱み（Weaknesses）、③企業の外部条件としての競争市場における機会（Opportunities）、④企業の外部条件としての競争市場における脅威（Threats）の4要素を考慮する必要があり、それらの頭文字をとったSWOT分析と呼ばれるフレームワークに有用性を見出す（もっとも、それらは質問を示してくれるが、その質問に対する答えを示してはくれないというのが、バーニーの執筆動機にもなっている）。

いわば、②と④は、企業内外におけるリスク要因、①と③は、それをカバーする企業内外のバッファー要因である。

バーニーが、企業の内部条件としての強みや弱みに着目したきっかけは、当時のアメリカのパソコン業界やディスカウント小売業界、航空業界のように、非常に競争環境が厳しい業界であるにもかかわらず、高いレベルの利益率を確保し続ける企業（デルやウォルマート、サウスウエスト航空）が存在するというパラドックスの存在である。

彼が強調するRBV、すなわち、企業がもつ経営資源にもとづいて、企業の強み、弱みを分析するアプローチは、二つの仮定にもとづいている。ひとつは、企業は経営資源の集合体であり、企業ごとにそれらの経営資源は異なっているという、「異質性」という前提である。もうひとつは、経営資源のなかには、それを複製するコストが非常に大きく、その供給に非弾力的なものがあるという、「固着性」の前提である。

ちなみに、バーニーによれば、経営資源は、①財務資本、②物的資本、③人的資本、④組織資本、の四つに分類される。前の三つは、いわゆるカネ、モノ、ヒトと一般に呼ばれる経営資源の3要素で、組織資本とは、企業の組織構造や組織文化、外部との関係など、個人の集合体としての組織の属性である。

VRIOというフレームワーク

次に、単なる問いかけではなく、その答えを見出す方法である。バーニーは、ある企業の経営資源が強みなのか、弱みなのかを判断するうえで、VRIOと呼ばれるフレームワークを提唱する。VRIOとは、①経済価値（Value）、②希少性（Rarity）、③模倣困難性（Inimitability）、④組織（Organization）の四つの切り口による問いで、強み、弱みを分析するというものである。

まず、「経済価値に関する問い」とは、その企業が有する経営資源が、外部環境における機会や脅威に適応することを可能にするか、というものである。バーニーの著書のなかでは、当時のソニーやスリーエム（3M。もともと接着剤に関する化学品メーカーで、ポストイットを開発したことで有名）のスキルや組織文化が、超小型のエレクトロニクス製品や事務用文具製品の分野で、新たな市場機会をとらえることに役立った一方、名門のUSスティールやシアーズは、伝統的な製造プロセスや過去の成功体験が、新たな競争環境のもとで価値をもたないばかりか、脅威に適応することを妨げたとする。

第二に、「希少性に関する問い」とは、それら特定の価値がある経営資源が、どのくらい多くの競合企業によって保有されているか、という問いである。希少であればあるほど、競争優位をつくり出すことができる。バーニーは、在庫や製品発注の管理におけるPOSデータの開発と活用に関するウォルマートのスキルを、当時としては希少性を有するものとして取り上げている。最近では、例えば、東レや帝人が有する炭素繊維の製造技術などがそうであろうか。

価値があり、希少な経営資源といえども、現在それを保有しない企業がそれらを獲得する際のコストが低ければ、競争優位は長続きしない。それが第三の、「模倣困難性に関する問い」である。そして、バーニーは、模倣にかかるコストとして、以下の四つの理由を紹介する。

ひとつが、歴史的な条件や過去からの経緯に依存するというものである。偶然入手した土地が、近隣の再開発や交通ターミナルの立地により、非常に価値があり、かつ希少な資源に化ける場合がそうであろう。

次に、模倣しようにも、模倣対象企業が有する資源とその企業の競争優位との関係が明らかでない、すなわち因果関係が不明である場合である。そうしたケースとして、組織内の人間関係やネットワーク、組織文化など、いわゆる「見えざる資産」（日本の経営学者である伊丹敬之の言葉としてバーニーが紹介）がある場合も挙げている。

さらに、さまざまな経営資源が複雑に絡み合うことが競争優位の源泉になっているとい

VRIOフレームワーク

その経営資源やケイパビリティーは、

価値があるか	希少か	模倣コストは大きいか	組織体制は適切か	競争優位の意味合い	経済的なパフォーマンス
No	―	―	No	競争劣位	標準を下回る
Yes	No	―	↕	競争均衡	標準
Yes	Yes	No	↕	一時的競争優位	標準を上回る
Yes	Yes	Yes	Yes	持続的競争優位	標準を上回る

『企業戦略論（上）』より

う、社会的複雑性がある場合も、他社からみれば模倣困難である。

模倣困難なコストの四番目が、特許といった知的財産権の存在である。

VRIOに関する最後の問いである、「組織に関する問い」とは、企業が保有する経営資源が、いかに価値があり、希少性があり、模倣困難性があるとしても、その戦略的ポテンシャルをフルに発揮し、実際の優位性に転化できるよう、きちんと組織化されているかというものである。おもな要素としては、報告・命令系統、マネジメント・コントロール・システム、報酬体系などがあり、これらは、「補完的な経営資源」と呼ばれる。

以上、企業が保有するひとつの経営資源について、VRIOフレームワークを用いて競争優位性との関係を示したものが上の図である。図のなかの競争均衡とは、その企業の行動が一定の企業価値を創出するものの、他の複数の企業も同様の行動をとっているときに生じる企業ポジションで、業界標準並みの収益率となる。

VRIOの限界

一方、バーニーは、VRIOフレームワークの限界も示す。

その第一は、たとえ企業の持続的競争優位に価値があり、希少で模倣コストが大きい経営資源にもとづくものであっても、企業を取り巻く環境（脅威と機会）が予測できない形で変化するとき、持続的競争優位を維持することが困難になるというものである。その例として、彼は、パソコンやコンパクトディスク技術の進歩により困難に陥った、タイプライターやLPレコードの製造技術を挙げている。

第二は、持続的競争優位をつくり出す経営者自身の能力開発の限界である。模倣するにはコストがかかる経営資源を長期間にわたって開発・蓄積してきた企業の経営者には、特別なスキルや能力が備わっており、逆にいえば、すべての企業が持続的競争優位を得られるわけではないということである。これは「模倣可能性のパラドックス」と呼ばれている。

第三は、分析の単位の問題であり、業界‐企業‐事業の単位を的確にとらえないと、分析の有効性に限界が生じるということである。

RBVからみた多角化戦略の意義

バーニーは、『企業戦略論』のなかで、RBVやそれを分析するVRIOフレームワーク以外に、これらを具体的に応用した戦略論に多くの紙幅を割いている。そのひとつが、多角化戦略である。

彼は多角化を、限定的多角化、関連多角化、非関連多角化に3分類したうえで、多角化戦略が経済価値をもつ条件として、各事業間に範囲の経済が存在することと、その範囲の経済を享受するために、企業内統治の方が、効率が高いという二つを示した。そのうえで、財務上の範囲の経済のひとつにリスク分散があるとする。これは、完全に相関することのない複数の事業の統合キャッシュフローのリスク（通常、標準偏差で表される）は、個々の事業を独立に経営する際のキャッシュフローのリスクより小さい、という数式で示される。

ただし、直接的なリスク軽減のための事業多角化なら、外部の株主にとっては、株式ポートフォリオの多角化によって達成できる。この点バーニーは、多角化は、従業員、供給者、顧客ら外部投資家以外のステークホルダーが、リスクの軽減に伴って「その企業に特殊な投資」を進んで行うことを促す可能性があり、それが間接的に外部投資家にとっての価値を生み出すとする。

企業に特殊な投資とは、その企業の文化、基本政策、業務プロセスなどを理解するための、時間的・物理的投資であり、ステークホルダーにとっては、もしその企業が破たんすれば無価値になるというリスクを抱えることを意味する。

バーニーによれば、企業の多角化戦略とは、企業のステークホルダーである従業員、供給者、顧客が安心して企業に特殊な投資を行えるための一種の保険と考えることができる。そして、企業に特殊な投資は、一般の投資に比べて、価値があり（V）、希少で（R）、模倣コスト（I）の属性をもっている可能性が高く、こうした投資がつくり出す経営資源は、持続的競争優位の源泉となる。バーニーは、こうしてリソース・ベースト・ビューの考え方をもとに、多角化の意義を見出している。

3　ブルー・オーシャンの創造

市場を創造する

ヨーロッパを代表するビジネススクールINSEAD《インシアード》のW・チャン・キムとレネ・モボ

ルニュが２００５年に出した『ブルー・オーシャン戦略』は、最近の戦略論のなかでもっとも注目されたひとつである。

彼らは、過去、成功企業とされた企業のその後を調べ、「永遠のエクセレント・カンパニーは存在しない」という結論に達した。そして、ブルー・オーシャン戦略という、競争をベースにした戦略論と一線を画する戦略論を打ち立て、企業がそれを実行するための方策をまとめた。その際の問題意識は、企業がリスクを最小限に抑えながら、事業機会を最大限に引き出して、賢明にしかも責任あるやり方で市場の創造に取り組めるようにするというものである。そこには、どの企業もギャンブルに打って出るような余裕はないはずだし、「ギャンブルなどすべきではない」との信念がみられる。

彼らは、企業にとっての市場空間を、「赤い海」（レッド・オーシャン）と、「青い海」（ブルー・オーシャン）に分けて喩える。レッド・オーシャンでは、産業の境界やルールが広く知られており、各社が限られたパイを奪い合うなかで、競争は激しさを増し、海は赤い血潮に染まっていく。

対照的に、ブルー・オーシャンは市場としては未開拓であり、ルールが決まっていないため、競争は成り立たない。そのなかで企業は新たな需要の創造に努め、売上げや利益の伸びが高くなる。こうしたブルー・オーシャンは、これまでの産業の枠組みの外にまったく新しくつくられることもあるが、多くはレッド・オーシャンの延長として、すなわち、既存の産業の拡張として生み出される。ただそれが、製品ラインの拡張といった小さな改善ではなく、新しい市場をつくり出すという点で、画期的なものとする。

サーカス業界の革命児

チャン・キムらがとくに注目した事例として、ギー・ラリベーテが立ち上げた、カナダのシルク・ドゥ・ソレイユ（１９８４年に設立されて以来、めざましい成長を遂げているパフォーマンス集団）がある。ギー・ラリベーテは、もともとエンタテインメントの世界では斜陽といわれたサーカス業界の出身である。

しかし、シルク・ドゥ・ソレイユは、サーカスの興奮や楽しさをさらに追求するのではなく、パフォーマンスとしての知的洗練度や豊かな芸術性を重視し、それまでサーカスには欠かせなかった動物ショーを採用せず、また、アクロバットなどスリリングで派手なショーの比重を小さくした。その代わり、美しいダンスを加え、出し物にテーマとストーリー性をもたせ、演目の種類も増やした。会場も、安っぽさと無縁な、洗練されたものにした。その結果、何が起きたか。

これまでサーカスに関心のなかった大人の観客を何度も会場に足を運ばせ、有名な道化師やライオン使い、動物たちにかかった費用が抑えられ、チケット代はサーカス業界よりはるかに高い演劇並みの水準に設定することができた。そして、既存のサーカス業界から客を奪うことなく、高い収益をあげることができるようになった。

シルク・ドゥ・ソレイユは、差別化と低コストを両立させ、顧客と自社の双方にとっての価値を高めることに成功した。チャン・キムらは、これを、「バリュー・イノベーション」と呼び、単なるイノベーションと区別する。バリュー・イノベーションは、ブルー・オーシャン戦略の土台をなすものであり、既存の市場空間での血みどろの戦いに決別するものである。また、差別化と低コストはトレードオフの関係にあるという、既存の競争戦略とも一線を画すものだ。

戦略キャンパス

『ブルー・オーシャン戦略』の後半において、チャン・キムらは、それを具体化するための指針を示していくが、その際の視点は、「リスクを最小化する」ということである。彼らは、いくつかの分析ツールやフレームワークを紹介するが、そのなかでも重要なもののひとつが、「戦略キャンパス」と呼ばれるものである。

これは、自社を含む各社が何を重視しているか、それによって顧客がどのようなメリッ

イエロー・テイルの戦略キャンバス

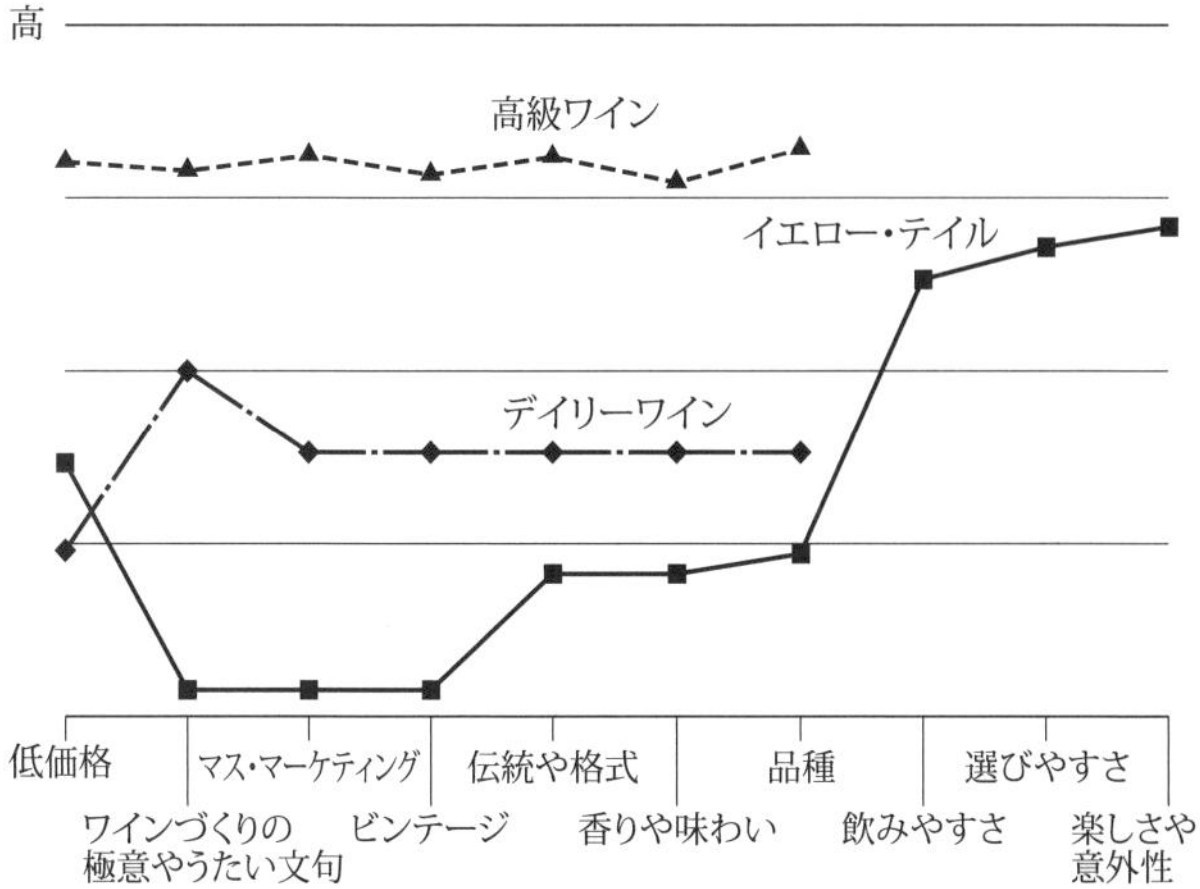

『ブルー・オーシャン戦略』より

トを受けるかを示す。

具体的には、横軸に市場の競争要因、縦軸に顧客がそれを享受するレベル（＝企業側が力を入れているレベル。価格については、レベルが高いほど高価）をとり、レベルをスコア化して線で結べば、既存の各社の戦略の特徴を示す「価値曲線」を描くことができるとする。上の図の上二つの曲線は、１９９０年代末のアメリカのワイン業界の戦略キャンパスである。高級ワイン業界とデイリーワイン業界は、一見、差別化を図っているようであるが、それぞれの市場で各社がしのぎを削るレッド・オーシャンになっている。

こうしたなか、既存のフィールドで競合他社と自社を比較して、差別化と低コストのどちらかひとつを選ぶという、「古びたロジック」を捨てろとキムたちは言う。

当時、アメリカではワインの消費が伸び悩んでいた。これに対し、オーストラリアのカセラ・ワインズは、その理由を探り、既存の業界や成長している代替産業を見渡すうちに、「誰でも気軽に飲める、これまでにない楽しいワイン」を着想した。結果、製造・販売されたイエロー・テイルというブランドは、驚異的に売上げを伸ばし、フランス産、イタリア産を上回るもっとも輸入されるワインとなったばかりか、2003年、発売後3年で赤ワインとしてアメリカ最大の販売量を誇るに至った。

イエロー・テイル（カンガルーの図柄の同ワイン、日本のスーパーやコンビニでもおなじみである）は、深みや熟成の味わい、ぶどうの品種による多様な品揃え、ボトルに示されるワインの専門用語、大量のマスメディア広告といった、既存の業界の常識を捨てた。その代わり、フルーティーでまろやかな味、2種類だけの品揃え、シンプルながら奇抜で印象的なラベル、小売店での店員によるオーストラリア風の装いなど画期的なやり方で、幅広いアルコール消費者を引き寄せるとともに、コストを抑えながら、それまでのデイリーワインよりも少し高い価格設定を可能にした。新たな戦略キャンバスが、前ページの図の下の曲線である。

前述したシルク・ドゥ・ソレイユでも、イエロー・テイルの事例でも共通していること

イエロー・テイルのアクション・マトリクス

取り除く ワインの専門用語や等級表示 熟成 マス・マーケティング	増やす デイリーワイン並みの価格 小売店との連携
減らす 深みのある味わいや香り 品種 ぶどう園の格式	付け加える 飲みやすさ 選びやすさ 楽しさと冒険

『ブルー・オーシャン戦略』より

は、既存の競争要因だけをみて、それを「増やす」「減らす」ことによって、低コストか差別化のいずれかを選んでいるのではない。「取り除く」「付け加える」ことによって、価値とコストのトレードオフから解放され、差別化と低コストを同時に追求し、新しい市場、ブルー・オーシャンを築いたのだ。

チャン・キムらは、この四つのアクションをまとめた、「アクション・マトリクス」というツールを提唱している。

ブルー・オーシャン戦略におけるリスク

分析ツールやフレームワークの紹介の次に、ブルー・オーシャン戦略策定の具体的なやり方が示されるが、最後に問題となるのは、その戦略の持続性である。

ブルー・オーシャンを創造しても、必ず模倣者が現れ、そのとき市場シェアを何とか守ろうとすれば、レッド・オーシャンに陥る。それを避けるために、チャン・キムらは、戦略キャンパス上の価値曲線に目を光らせろという。他社の価値曲線が似てきたら、新たなブルー・オーシャンをめざしてバリュー・イノベーションへの取り組みをはじめるべきだ、それまでは、業務オペレーションの改善と地理的拡大を通じて、規模の経済性と市場占有率を最大化すればよいとする。

結局、永遠のブルー・オーシャンはないわけで、持続期間をいかに長くするかは、その戦略の価値や希少性、模倣困難性にかかってくるという点で、バーニーのVRIOのフレームワークと重なってくる。ブルー・オーシャン戦略を進めるにあたっては、ポーターの戦略ポジショニングの発想と、バーニーのRBVの双方の視点が必要になってくる。

なお、同書のなかで、NTTドコモが1999年にサービスを開始した「iモード」が、ブルー・オーシャンを切り開いた事例として取り上げられているが、スマートフォンの登場により、市場が「大洋」にまで拡大しなかったのは、周知のとおりである。

それだけブルー・オーシャン戦略とは、「言うは易《やす》く行うは難《かた》し」の戦略かもしれない。

第3章　イノベーションがもたらすリスク

1　イノベーションのジレンマ

破壊的イノベーション

「偉大な企業はすべてを正しく行うが故に失敗する」

ハーバード・ビジネススクールのクレイトン・クリステンセンが発したメッセージは、経営学に携わる者やビジネスパーソンにとって衝撃であった。

彼の著書『イノベーションのジレンマ』（1997年）が示した事実と研究成果は、衝撃的であると同時に、これほど「目から鱗が落ちる」という表現がふさわしいものはない。以下は、同書の概要とそのインプリケーションである。

長期間にわたって小売業界の巨人であったシアーズ・ローバック（一時期、全米の小売売上高の2パーセント以上を占めていた）が、ディスカウント・ストアやホーム・センターの台頭によって、凋落していった事実。コンピューターのメインフレームで圧倒的に優勢であったIBMが、ミニ・コンピューター（ミニコン）の出現によって市場での優位を喪失し、そのミニコンをリードしたデジタル・イクイップメント・コーポレーション（DEC）が、デスクトップ・パソコンの飛躍に乗り遅れた出来事。そして、怠慢や慢心とは無縁な、研ぎ澄まされた競争感覚、顧客本位の開発姿勢、積極的な投資意欲を兼ね備えた優良企業が、ある種の市場や技術の変化に直面したとき、もろくもつまずき転落していく……。

すぐれた企業が、すぐれた経営であるが故に、業界リーダーとしての地位を失っていくパラドックスを説明するものとして、クリステンセンは、「破壊的イノベーションの法則」に行き着いた。それは失敗の法則とも呼ぶべきものである。

まず、クリステンセンは、顧客や市場のニーズに合わせたイノベーションのことを「持続的イノベーション」、新たな価値をもたらし新たな顧客を創造するイノベーションのことを「破壊的イノベーション」と呼び、区別する。

前者は、主要市場のメインの顧客が今まで評価してきた性能の指標にしたがって、既存の製品の性能を高めるものであり、個々の業界におけるイノベーションは、持続的な性質のものがほとんどである。これに対し、破壊的イノベーションは、ときに製品の性能を引き下げる効果をもつものであり、従来とはまったく異なる価値基準を市場にもたらし、新しい顧客に評価されるという特徴がある。

イノベーションに関する失敗の理論

同書のなかでクリステンセンがくわしく取り上げた事例が、コンピューターに搭載されるハードディスク・ドライブメーカーの浮沈《ふちん》である。

ハードディスク・ドライブは、コンピューターが使う情報を読み書きする装置である。記憶容量の大きいドライブに対する志向の高まりを追い続けたメーカーにとって、パソコンの小型軽量化に合わせ、ハードディスク・ドライブにもコンパクト化志向が押し寄せることは、想定外だったと思われる。新興メーカーによって次々に開発されるより小型のドライブは、その性能を高めるにつれ、記憶容量単位当たりのコストを引き下げ、より小型のコンピューターを求める潜在ユーザーの需要を取り込んでいった。

有名な、メインフレーム市場→ミニコン市場→デスクトップ・パソコン市場→ノート・パソコン市場への変遷である。残されたのは、従来の市場に取り残されたコンピューターやドライブのメーカーの衰退である。

クリステンセンは、同業界で起きたことを丹念に分析し、その結果から、以下のような失敗の理論を引き出した。

第一は、企業は、顧客が必要とする製品やサービス、投資家から求められる収益を提供しなければならない。このため、業績のすぐれた企業は、目の前の顧客が求めず、利益率が低い破壊的イノベーションを切り捨てる傾向がある。

第二に、会社の規模が大きくなると、同じ成長率を維持するためには、新しい収入の金額を増やす必要がある。このため、小さな新興市場に参入することは困難である。

第三に、すぐれた経営の企業ほど、確実な市場調査と綿密な計画を立てる。このため、まだデータが存在しない新興市場には手を出せない。

第四に、組織の能力は、経営資源をアウトプットに変えるプロセスと、組織が優先事項を決定するときの価値基準によって決まり、そのなかで働く人材の能力とは無関係である。このため、状況が変わったとき、もともと柔軟性に欠けるこうしたプロセスや価値基準が、無能力に転じることがある。

第五に、技術進歩のペースは、市場の需要と等しいとは限らない。このため、現在は主流の製品が主流市場の顧客が求める性能を不必要に超えたり、現在は主流市場の顧客が期待する性能に及ばない技術が、明日には性能面で競争力をもつ可能性がある。

『イノベーションのジレンマ』の刊行以降、クリステンセンのもとへは破壊的イノベーションに関する数多くの情報が寄せられ、彼は増補改訂版のなかでその一部を紹介してい

破壊的イノベーションの例

確立された技術	破壊的技術
ハロゲン化銀写真フィルム	デジタル写真
固定電話	携帯電話
回路交換電気通信網	パケット交換通信網
ノート・パソコン	携帯デジタル端末
デスクトップ・パソコン	ソニー・プレイステーションII、インターネット端末
総合証券サービス	オンライン証券取引
ニューヨーク証券取引所、NASDAQ証券取引所	電子証券取引ネットワーク(ECNs)
手数料制新株・債券発行引受けサービス	インターネット上のダッチ・オークション方式による新株・債券発行
銀行上層部の個人的判断による信用決定	信用スコア方式による自動融資決定
ブリック・アンド・モルタル式の小売業	オンライン小売業

『増補改訂版 イノベーションのジレンマ』より

る。そのなかで、現時点ではすでに破壊的ではなく、完全に主流市場になっているものもある（例えば、デジタル写真）。また、インターネットが、多くの業界に破壊をもたらすインフラ技術になっていると指摘しているが、これももはや破壊的な技術とはいえない。

企業にとって、現在の主要な顧客のニーズを満たすよう研究開発に力を入れるのは、いわば当然なことである。しかし、結果として、時代の変革に乗り遅れることがあるというのが彼の見立てである。

日本企業も陥った罠

日本でも在来型の進化した技術や製品が、破壊的イノベーションによりシェアを落とした事例はいくつも報告されており、その代表例が、ガラパゴス携帯とスマートフォンの関係である。

当初、ワンセグやおサイフケータイなど、機能を「進化」させ続けてきた日本の携帯電話会社であるが、開発ツールをオープンにして、多種多様なアプリを登場させることにより携帯をパソコン化したスマートフォンは、顧客にとっての価値創造のスピードを飛躍的に高めた。さらにスマートフォンはガラパゴス携帯だけでなく、デジタルカメラやカーナビゲーションの普及にもブレーキをかけた。

コンサルタントの湯之上隆による『日本型モノづくりの敗北』（2013年）のなかに、興味深い話がある。

「夫はソニー妻はルネサス夫婦の会話」というもので、日本の電機各社が巨額の赤字を計上し苦境にあえいでいる時期の友人宅でのこと、「わが社の液晶テレビの画質の良さを理解していない世間は間違っている」という夫に対し、「すぐにハードディスク・ドライブが一杯になる高画質モードは要らない。録画番組をみるなら低画質で十分」という妻の会話を紹介し、筆者は「奥さんに一票」と断じている。高画質を追求した電機メーカーの姿勢は、ガラパゴス携帯のそれと共通している。イノベーションのジレンマは、成功者ほど、すなわち大企業ほど陥りやすい罠といえる。

クリステンセンは『イノベーションのジレンマ』のなかで、破壊的イノベーションに直面した経営者に、以下のようなアドバイスを送っている。

第一に、破壊的イノベーションを、そのような技術を必要とする顧客がいる組織にまかせることで、プロジェクトに資源が流れるようにする。

第二に、組織は独立組織とし、小さな勝利にも前向きになれるように小規模にする。

第三に、失敗に備える。破壊的イノベーションを商品化するための初期の努力は、学習の機会ととらえる。

第四に、躍進を期待してはいけない。早い段階から行動することは必要だが、いずれ現在の主流市場とは異なる別の場所で新しい市場がつくり出されるであろう。

軍事史におけるイノベーション

軍事の世界でもイノベーションは重要な要素であり、しばしばそれが世界の歴史を塗り替えてきた。そこでは、クリステンセンのいうジレンマ的な現象もみられる。

古代ローマは、王政、共和制から帝政を通じたその長い歴史のなかで、いくたびも外敵に敗北を喫してきた。代表的なのが、カルタゴの名将ハンニバルに完膚なきまでに破られ、80名の元老院議員を含む約5万人が戦死したカンネーの戦い（紀元前216年）である。しかし、その後帝国にまでなったローマの凋落を決定づけ、軍事史的な観点からも重要とされるのが、アドリアノープルの戦いである。

西暦378年、フン族に追われたゲルマンのゴート族は、ローマ帝国のバレンス帝に庇護と難民の受け入れを求めたが冷たくあしらわれたため、ダニューブ（ドナウ）河を越えて帝国領内に侵攻した。バレンス帝は、東の首都コンスタンティノープル（現在のイスタンブール）の西方アドリアノープル（現在のエディルネ）でこれを迎え撃ったが、歩兵主体のローマ軍はゴート騎兵に周囲を包囲され、ほぼ全滅、バレンス帝も戦死した。

この戦いはローマ帝国の権威を失墜させ、その後の東西分裂、西ローマ帝国の滅亡（476年）につながったといわれる。

ローマ軍が敗北したのは、西方からの援軍を待たずにゴート族討伐に向かったことに表れるように、バレンス帝自身を含め、ローマ側に異民族の軍事力への過小評価があったからとされる。それだけでなく、この戦いは、古代ギリシアから続く重装歩兵主体の戦闘手法が、機動力の高い装甲騎兵集団には通用しなくなったことを示した。そして、その後1

000年にわたって続く、騎兵優位の時代をもたらしたといわれる（典型が、モンゴル騎兵によるユーラシア大陸の席巻）。

重装歩兵による密集戦術は、古代ギリシアの都市国家がペルシア帝国の侵入を撃退し、ギリシア文明の隆盛をもたらしたり、古代ローマが数百年にわたる繁栄を築くもとになった、一大イノベーションでもあった。この間、ギリシア→マケドニア→ローマと、この戦術には改良が加えられ、その結果、地中海の覇者が代わっていった。そして、こうした持続的イノベーションもいつしか破壊的イノベーションにとって代わられることになったのである。成功者であったが故に陥った罠だ。

しかし、人間が馬を飼い馴らしはじめて以来、地上に立つ兵士と馬に乗った兵士との間に戦闘はあったはずである。事実、カンネーの戦いをはじめ、ローマ軍が騎兵を活用した軍隊に敗北を喫することは、いくどかあった。問題は、そうしたなかで、新たな「気づき」を活かした、画期的な軍制改革を行ったかどうかである（なお、ローマ軍の名誉のためにいうと、いくどか軍制改革は行われ、騎兵の比重が増していったが、そのスピードは緩慢であった）。

いかなる破壊的イノベーションといえども、まったく予見が不可能というわけではない。

ちなみに、大砲や小銃といった火器に改良が加えられて、戦場における一般的な兵器として使用されるようになってからは、騎兵主体の戦術が姿を消した。そこにおいても気づきのチャンスはいくらでもあったわけで、このチャンスを逃さなければ、長篠の戦いにおける武田軍の不用意な突撃は避けることができたはずである。

既存の勝者は持続的イノベーションに熱心なあまり、破壊的イノベーションへの対応が遅く市場での主導権を失う、そういうリスクをクリステンセンは見出した。

一度成功したイノベーションに潜むリスク。企業経営であれ、国家の経営であれ、マネジメントに携わる者が決して忘れてはいけないものである。

2　リバース・イノベーションの脅威

イノベーションの罠ふたたび

前述『日本型モノづくりの敗北』のなかの、「録画番組をみるなら低画質で十分」という妻の主張は、企業が陥りがちな罠をよく物語っている。

ダートマス大学のビジャイ・ゴビンダラジャンと同僚のクリス・トリンブルは、201

2年、『リバース・イノベーション』を出版した。この書において彼らは次の2点で警鐘を鳴らしている。

ひとつは、経済のグローバリゼーションが進むなかで、先進国の多くの企業が今の発想(マインドセット)のままでは、新興国や途上国における膨大なチャンスをみすみす逃しかねないということである。もうひとつは、新興国の企業が先進国でシェアを伸ばし、同業他社にばかり目を向けていた先進国の企業が足をすくわれかねないという点である。機会と脅威の両面でリスクにさらされることに対する警鐘である。

そして、これを避けるために彼らが説くのが、リバース・イノベーションについての理解である。

リバース・イノベーションとは

リバース・イノベーションとは、先進国で開発→新興国・途上国への移植という、通常のイノベーションの波とは逆に、途上国で最初に採用されたイノベーションが、先進国へ逆流する現象のことである。

ゴビンダラジャン自身がコンサルティングを通じて、じかに接したゼネラル・エレクトリック社(GE)のヘルスケア部門の話である。

同社は、1980年代から、大型で強力な高価格帯の超音波診断装置のトップメーカーとして、先進国で高いシェアを誇っていた。次に巨大市場として目をつけたのが中国である。中国に営業拠点や配送センターを置き、既存の製品をもとにしたグローバル戦略用の製品を投入したが、10年経っても成果が出ず、そこで同社は戦略を根本的に改め、小型で低価格の超音波診断装置を開発、発売したところ、これが大ヒットした。

中国で人口の多くを占める農村部では、資金力に乏しい診療所で医療サービスを受けており、当然、医師や患者にとっても、診療費がおおいに気になる。また、こうした診療所には高度な設備はなく、一方、病人が都市部の病院に通うのは困難であるため、装置の方を彼らのところまでもっていく必要があった。さらに、そこの多くの医師は専門医ではなく、何でも屋であることを求められるため、何より使いやすさが大事であった。すなわち、先進国とニーズが異なっていたのである。

現地のニーズに合わせた開発だけだったら、通常のイノベーションと変わるところはないが、画期的だったのはこのあとである。

この手の小型超音波診断装置は、アメリカにおいても、救急車内や救急救命室内でニーズがあったのだ。さらに、画質の改善もあって、一般消費者のニーズにも合致するものとなった。中国で開発された装置のアメリカへのもち込みが、カニバリゼーション（共食い）

で既存の製品に対する需要を奪ったのではなく、市場全体の拡大につながった。

富裕国と途上国のニーズのギャップ

リバース・イノベーションの機会を考えるうえで、ゴビンダラジャンが出発点とするのが富裕国と途上国（著書のなかでは、新興国と途上国が区別されていないので、そのまま途上国の語を用いる）の間にある、五つのニーズのギャップである。

第一が、「性能のギャップ」である。ただし、富裕国の製品の性能を70パーセントに抑え、価格も70パーセントに抑えた製品を途上国にもち込めばいいというわけではないとする。途上国の人たちは、超割安なのに「そこそこ良い」製品をもつ画期的な新技術（15パーセントの価格で50パーセントのソリューション）を待望している。

第二が、「インフラのギャップ」だ。富裕国では、信頼性の高いしっかりとしたインフラがあるという前提で、新製品が開発されるが、途上国ではそうではない。ハイスペックの心電計をもち込んでも、電力網が整備されておらず、頻繁に停電があったりすれば、コンセントに差し込む必要のある器械は役に立たない。

第三は、「持続可能性のギャップ」である。世界経済の成長に伴い、経済活動と環境問題の衝突は深刻さを増している。持続可能性という観点からその深刻度合をみたとき、すでに成長率が落ちてきている富裕国に比べ、途上国の深刻度合はかなり大きい。したがって、途上国市場では「環境にやさしい」ソリューションを志向する必要があるが、それは逆に、この分野でのイノベーションが一気に進展していく可能性を秘めている。

第四は、「規制のギャップ」である。一般的には富裕国では規制システムが整備されており、その結果、途上国の方がイノベーションを進めやすい。

第五は、「好みのギャップ」である。当然、好みの多様性は、異なるイノベーションの取り組みを必要とするし、逆にこれを利用したイノベーション（例えば、途上国のフレーバーを先進国市場にもち込む）もある。

こうしたギャップの存在は、これを考慮したイノベーションを行わないと、みすみす途上国でのチャンスを失うことを意味する。

先進国に逆流する理由

一方、途上国で最初に採用されたイノベーションが先進国に逆流することについて、ゴビンダラジャンは、二つの異なったメカニズムがあるとする。

ひとつは、先進国にも、無視されたり、サービスが不十分だったりする「取り残された市場（ニッチ）」があることである。規模の経済が働かない結果、イノベーションが行われなかっただけで、ニーズがないわけではないので、そこに途上国発のイノベーションが入り込む余地がある。

もうひとつはよりインパクトのあるケースで、ニッチだけでなく、リバース・イノベーションが先進国市場でメインになる可能性である。それは、前述した先進国と途上国のニーズのギャップが解消されていくときに起こる。

「性能のギャップ」については、技術の進歩により、途上国における「そこそこ良い」レベルが上がっていけば、先進国の顧客がそこで一気に振り向くことが考えられる。15パーセントの価格で50パーセントの性能だったものが、60から70パーセントの性能に向上していくときである。GEの超音波診断装置や心電計の例もそうだ。

「インフラのギャップ」については、いずれ先進国のインフラは老朽化し、更新の必要が出てくる。その際、既存のインフラの延長線上ではなく、新たな技術、イノベーションが採用される可能性があり、そうなると、むしろ先行していた途上国でのノウハウが必要になってくるかもしれない。ゴビンダラジャンは、中国やインドでの太陽光・風力発電にその可能性を見出している。

「持続可能性のギャップ」については、同様に、先進国で持続可能性へのプレッシャーがますます高まり、その結果、ギャップが解消に向かうなかで、途上国が、環境問題の解消に向けたインキュベーター（孵卵器《ふらん》）となる可能性がある。

「規制のギャップ」については、途上国の規制レベルも高まり、いずれ先進国とのギャップが解消に向かうであろうが、その頃には、途上国発のイノベーションが先進国の規制を通過できるようになるかもしれない。

最後に、「好みのギャップ」が解消されていけば、当初は新興国向けだったイノベーションが先進国にもたらされることになる。その例として、自然素材を使った食品におけるイノベーションを挙げている。

このような、先進国と途上国のニーズのギャップがなくなっていくまでの時間差を用いて、途上国で誕生したものが先進国の主流市場まで逆流する。逆流のメカニズムを無視し行動しない場合、ニッチの場合では、単に機会を逃すにとどまるが、「主流市場」の場合では、既存の企業や業界が、先進国市場における現状の地位を失うことになりかねず、それを放置するリスクは大きい。

それでは、こうしたリバース・イノベーションの波にどうやったらうまく乗ることができるのか。

マインドセットの転換

ゴビンダラジャンがまず求めたのは、これまでの成功体験で培われた「支配的論理」（と彼は呼ぶ）を捨てよ、マインドセットを転換せよということである。

彼は、先進国の企業が新興国で苦戦している背景には、先進国での成功体験にもとづく思い込みや思考の罠があると説く。

新興国は先進国の発展と同じ経路をたどり、徐々にキャッチアップしてくるので、まず自国ですばらしい製品を開発し、その後、現地市場向けのマイナーチェンジを加えて世界に流通させればいいとの発想に陥りがちだが（彼は、この戦略をグローカリゼーションと呼ぶ）、これは先進国市場が主戦場だった時代の発想である。市場が異なればニーズが異なるのはいわば当たり前で、電力供給が不安定な国に先進国の冷蔵庫をもち込んでも売れるはずがない。ただし、グローカリゼーションが無効になったわけではなく、それは、アップルやグーグルの例でもわかる。

要は、グローカリゼーションがグローバル戦略のすべてではない、グローバル企業は、リバース・イノベーションとグローカリゼーションを同時に実行することを学ばなければならないというのが、彼の主張である。

ちなみに、日本でも、成熟化したといわれる白物家電市場で、機能を絞り、低価格でかつ使いやすい製品を短期間に開発、次々に投入するアイリスオーヤマの例があり、既存のメーカーにとっては無視できないリスク要因となっている。途上国発ではないので、ゴビンダラジャンの定義によるリバース・イノベーションにはあたらないが、既存の業界、メーカーにとっての脅威であることに変わりはない。

ベトナム戦争の事例

アメリカの歴史において、ベトナム戦争での敗北が屈辱的なものであり、この戦争がアメリカ社会に及ぼした影響が極めて大きいことは、よく知られている。いわゆるベトコンと呼ばれた反政府ゲリラに、最新鋭の兵器を有するアメリカの正規軍がよもや負けることはあるまいと、当初、思われていた。

実は、同じベトナムでまったく似た事態が、その直前にあった。ベトナムはもともとフランスの植民地で、第二次世界大戦後、ホー・チ・ミン率いる独立運動（ベトミンと呼ばれた）が盛んになると、フランスはこれを力で押さえつけようとした。戦闘は数年間に及び泥沼化したため、フランス軍は、わざわざ内陸のラオス国境に近いディエン・ビエン・フーに基地を建設し、そこにベトミンの大部隊をおびき寄せ、戦車や重火器の砲撃、航空機による爆撃を活用して一気に殲滅しようと図った。この間、人員や弾薬の補給は航空機による輸送にしか頼れなかったが、最新鋭武器で装備していればそれで十分というのがフランス軍の判断であった。

しかしベトミン軍は、人力や牛馬による安定した補給線を確保するとともに、心理戦を含めた粘り強い包囲戦を行い、ついに半年後の1954年5月、基地を陥落させた。これによりフランスのベトナム支配は終わりを告げ、ベトナムは南北に分かれて独立するとともに、北ベトナムに支援されたベトコンが、アメリカに支援された南ベトナム政府軍と戦うようになった。

その後、アメリカがたどった道はフランスと同じで、1960年代後半から本格介入したものの戦闘は泥沼化。1975年にサイゴンが陥落すると、最後まで残っていた大使館関係者や顧問らがヘリコプターで脱出して、長い戦争は終わった。その間、アメリカ軍の最新鋭戦闘爆撃機がベトコン兵士の小銃によって撃墜されるという、笑えないエピソードもあった。また、アメリカがもつ戦闘機でも、旧式に属する部類の故障が少なく、実用的だったといわれている。

雨が多く、樹木に覆われた土地での戦闘は、ヨーロッパの平原や中東の砂漠とは、「競争要因」がまったく異なっており、先進国でのイノベーションの優位性がそのまま先進国以外で通用するわけではないことを物語っている。

3　イノベーションの不確実性をマネジメントする

リスクが小さいイノベーションの方法

企業にとって、もっとも伝統的なイノベーションの手法は内部開発である。大企業の多くは、自前の研究所や製品開発部門をもち、いわゆるR＆D（Research and Development）を行っている。

その際、異質な市場への進出や製品の開発を目的に、企業が社内に独立性の高い研究ユニットを設けることがある。社内ベンチャーと呼ばれるもので、よく取り上げられる事例が、スリーエム（3M）である。同社は、研磨剤から出発し、接着剤やテープ類に多角化した、アメリカを代表する化学系メーカーだ。3Mは、長期にわたって一貫して社内ベンチャーを実践し、それを会社全体の成長のバネとしてきたことで有名である。そのなかから生まれた製品のひとつが、誰もが使ったことのある、あのポストイットである。

3Mでは、もともと就業時間の15パーセントを、アイデア製品の開発にあててもいいことになっている。事業計画が承認され、正式にベンチャーチームが発足すればそれに専念でき、以降、定期的なチェックを受けるとともに、製品を市場に出し、一定以上の売上げがあると、正式な「プロジェクト」に昇格、その後は、他の事業と同じ基準で収益性や成長性が評価され、一定期間の累積赤字が一定額に達すると、即時撤退を宣告される。いわば、ロスカット、損切りである。そして、評価基準を満たしている限りは会社のサポートを受け、プロジェクト→部門→事業部へと拡大し、その間メンバーは、昇格と昇給を実現する。

成功するのは、年間10から20チーム、成功率は10パーセント前後のようだが、泥沼化リスクを抑えつつ、幅広くチャンスをつかんでいくという点で、バランスのとれたイノベーションのやり方といえる。

日本企業でも、最近、社内ベンチャーに着目する動きが広がっている。日本経済新聞の記事（2014年9月4日付）によると、パナソニックの社内ベンチャー制度「パナソニック・スピンアップ・ファンド」（PSUF）は、社内発のベンチャー企業各社への投資や経営支援を目的に2001年に創設され、ベンチャー企業の成功率が「千に三つ」といわれるなか、同制度のもとで誕生した30社のうち10社が存続し、いずれも黒字基調という

（記事時点）。

同制度の狙いは、持続的イノベーションに偏りがちな事業部門に対し、破壊的イノベーションを自ら生み出すこととされる。ベンチャーの事業内容にとくに制限はなく、途中でパナソニックの既存事業に組み入れられたものもあれば（二次電池関連技術）、既存事業との相乗効果が期待できず、外部に売却されたものもある。そのほか、ＭＢＯ（経営陣による株式取得）によるエグジット（出口）を果たしたものも出ている。これは、今から述べるオープン・イノベーションに通じる動きである。

イノベーションのパラダイム・シフト

かつてハーバード・ビジネススクールにいたヘンリー・チェスブロウ（現カリフォルニア大学バークレー校）は、『OPEN INNOVATION』（２００３年）において、オープン・イノベーションという考え方を提唱した。彼は、当時、通信大手のＡＴ＆Ｔをはじめとする大企業が巨大な研究所を構え、大規模なＲ＆Ｄ投資を行ってきたにもかかわらず、その成果が企業業績に結びつかず、むしろ、中央研究所をもたない新興企業（例えば、インテルやシスコ）に足元を脅かされている状況をみて、イノベーション・プロセスのパラダイム・シフトが起きていると考えた。そして、従来型のイノベーションを「クローズド・イノベーション」、当時起こりつつあった新たなイノベーションを「オープン・イノベーション」と名付けた。

クローズド・イノベーションが、基本的に自分で何でもやるという考え方であるのに対し、オープン・イノベーションは、企業内部のアイデアと外部のアイデアを対等に扱い、有機的に結合させることにより、価値を創造するという考え方である。

その特徴は、以下のとおり。

① 必ずしも社内に優秀な人材を囲い込む必要はない
② 外部の研究開発によっても価値を創造することはできる
③ すぐれたビジネスモデルを構築する方が、製品を最初に市場に出すよりも重要である
④ 社内と社外のアイデアをもっとも有効に活用した者が勝つ
⑤ 他社に知的財産権を使用させることで利益を得たり、他者の知的財産権を購入することにより、自社のビジネスモデルを発展させることも考える

チェスブロウは、クローズド・イノベーションは20世紀には有効であったが、21世紀に

は効率的でなくなったと主張する。それは、雇用の流動性の高まりや、大学・大学院で訓練を受けた者が増加したことから、多くの産業で、大企業から中小企業まで知識レベルが全般に向上したことによるとする。また、ベンチャー・キャピタルによるベンチャー企業の育成が一般的になったことも挙げている。

さらに、多くの製品が市場に出るまでのスピードがアップしたことや、新製品の寿命が短くなったこと、顧客やサプライヤーの知識が豊富になったことも、クローズド・イノベーションを難しくさせているとする。

オープン・イノベーションの事例

インテルは世界有数の半導体メーカーのひとつであるが、歴史はそれほど古くなく、ゴードン・ムーア（チップの集積力は18ヵ月ごとに倍になるという、有名な「ムーアの法則」の提唱者）らがインテルを設立したのは、１９６８年のことである。創立後直ちに、DRAMメーカーとして成功したが、日本企業などとの競合により採算が悪化した同事業から撤退し、１９９０年代以降、マイクロプロセッサでリーディング企業としての地位を確立した。

インテルが特徴的なのは、成功の過程で、自らは基礎研究を行っていなかったことである。かつて半導体に関するイノベーションをリードしたIBMやAT&T、そしてムーアらが以前在籍していたフェアチャイルドは、大規模な基礎研究を行っていたが、インテルはもっぱら製品化に力を入れていた。

その後、これらの大企業が基礎研究を縮小したので、インテルは自ら研究に力を入れることになったが、そこでは、中央研究所の設立ではなく、自身のバリュー・チェーンに沿った分散型の研究所をつくり、むしろ外部の研究所や大学との共同研究活動を積極的に進めた（これは、研究員のリクルートにも貢献）。インテルのポリシーは、社内で研究をはじめる前に、まず社外にある研究活動を調べることであり、社内の知識と社外の知識をどのように結合すれば、新たなシステムのアーキテクチャーをつくることができるかについて考えることにある。

インテルが行ったもうひとつのイノベーション活動は、ベンチャー・キャピタル（インテル・キャピタル）を立ち上げ、ベンチャー企業とのネットワークづくりを行ったことである。

その際、社内の研究部門がデュー・ディリジェンス（価値評価）に参加し、通常のベンチャー・キャピタルよりも技術的に詳細なデュー・ディリジェンスを行う。こうしてベンチャー企業への投資は、自社製品（マイクロプロセッサのペンティアムなど）の普及を促すだけでなく、マイクロプロセッサ以外の分野への進出可能性を探ることにつながった。また、アメリカ以外への投資により、グローバル化戦略を進めるうえでも有利に働いた。

インテルは、コンピューターやソフトウエアなどをすべてセットで提供するのではなく、コアとなる商品（マイクロプロセッサ）に注力し続けながらも、大学への資金提供やベンチャー企業への投資などにより、コンピューター・システム全体への影響を大きなものにしている。チェスブロウは、こうしたインテルのやり方は、オープン・イノベーションの時代における垂直統合の是非について考えさせるとしている。

オープン化の意義

チェスブロウがオープン・イノベーションの代表例として取り上げたインテルがそうであるように、シリコンバレー周辺の企業やその関連企業でこうしたイノベーション・プロセスの変革が行われやすいことは、容易に想像できる。研究者の流動性やネットワーク化が進んでいるからである。しかし、多くの産業でパラダイム・シフトが進んでいるとチェスブロウが指摘するように、高等教育やインターネットの普及がもたらす知の共有化は、イノベーションのオープン化を後押しする方向に作用するであろう。

そして、何よりイノベーションのオープン化は、研究開発から新製品が市場に出るまで

クローズド・イノベーションによる研究開発

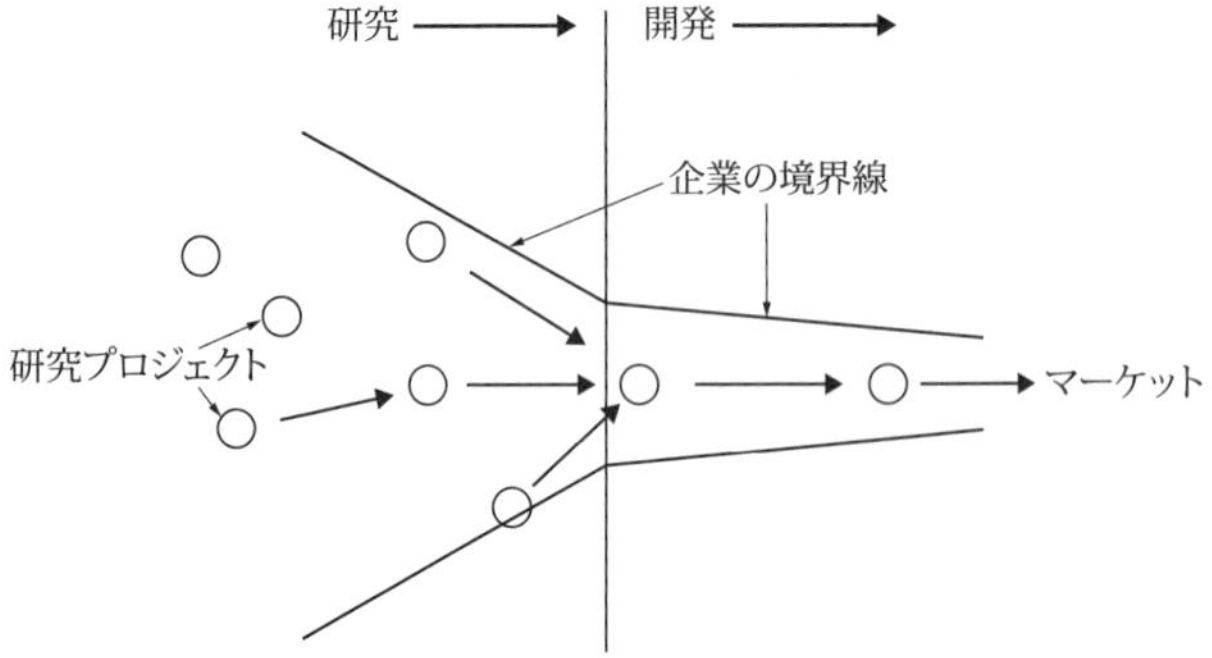

『OPEN INNOVATION ──ハーバード流イノベーション戦略のすべて』より

オープン・イノベーションによる研究開発

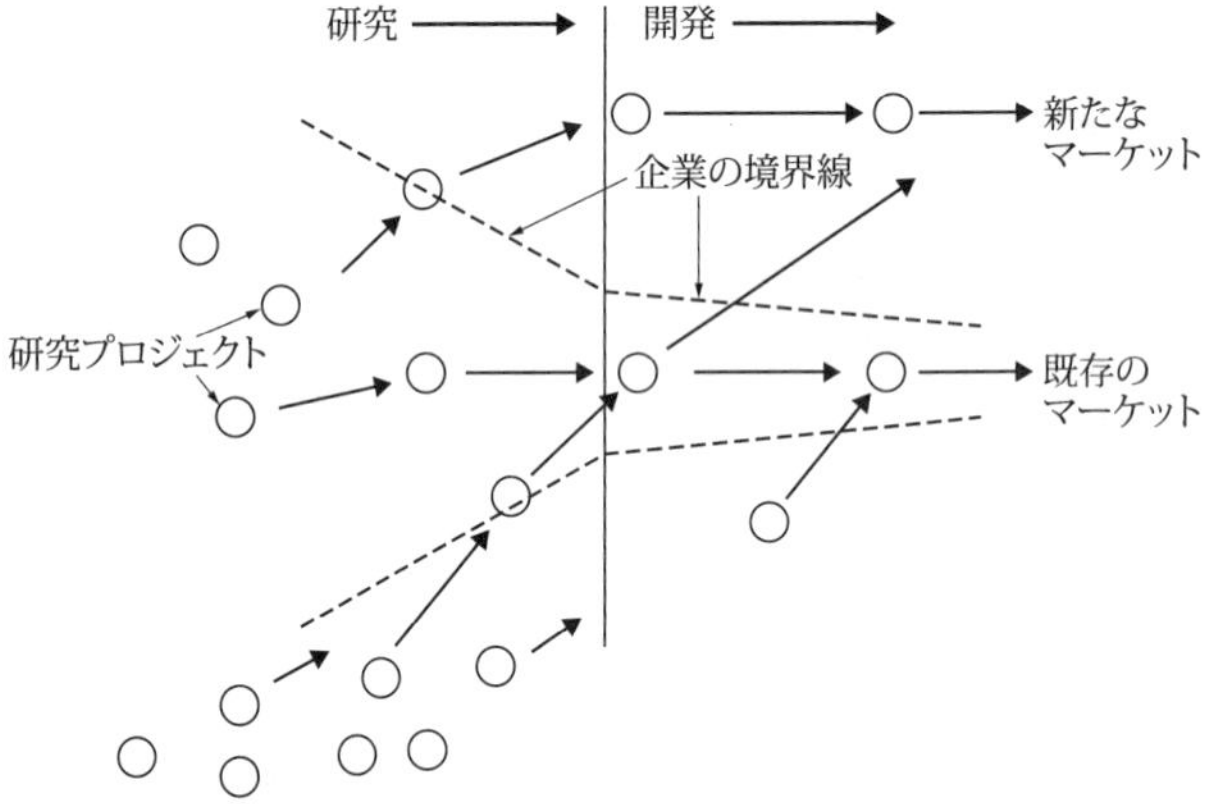

『OPEN INNOVATION ──ハーバード流イノベーション戦略のすべて』より

のプロセスを拡張することにより、イノベーションそのものにかかるリスクとコストを抑えることに寄与する。それは、右の図をみても明らかである。

あたかも、動脈硬化の症状が軽減されることによって、脳梗塞や心臓発作のリスクが軽減されるのと同じようである。

チェスブロウは、新技術の商品化に成功するには、テクノロジーとマーケットの不確実性の双方のマネジメントに成功する必要があるが、従来型の大企業の研究開発のプロセスは硬直的すぎて、変化の激しい時代についていけないとする（チェスはできるがポーカーはできないと形容）。

ちなみに、グーグルがとくに積極的に行っているのがベンチャー企業の買収であり、すでに外部で開発されたものを丸ごと獲得するという意味で、「時間を買う」戦略ともいわれる。また、この意味での自前主義からの流れは、「R＆DからA＆D（Acquisition and Development）へ」と表される。

日本では、どこまでオープン・イノベーションが進むのか

では、日本企業においてオープン・イノベーションはどの程度根づくであろうか。

一般論としては、アメリカの企業や社会ほど人材の流動化やネットワーク化が進んでお

らず、組織への帰属意識が強い日本において、オープン・イノベーションへのパラダイム・シフトが一気に進むとは考えにくい。

最近、NHKで、「ダークスーツ」という企業ドラマが放送された。経営難にある総合電機メーカー「ハシバエレクトロニクス」の再建を託された主人公たちが、新たにライセンスビジネスを事業の軸に据えていこうと奮闘努力するさまが描かれていたが、そのなかで、自社で研究開発から製品の製造販売まで一貫して行う、垂直統合型ビジネスモデルと決別することへの根強い反対論が出てくる。それは、「ハシバ」ブランドへのこだわりや、自分の出身母体（製造現場）への想いと絡んでいる。

こうしたドラマが注目を集めるなか、政府の後押しもあって、産学官連携のオープン・イノベーション型共同研究が徐々に進んでいる。内閣府に設置された「総合科学技術・イノベーション会議」は、こうしたイノベーション政策の基本方針を策定する。

また、2015年1月、トヨタ自動車は、燃料電池自動車の普及に向けた取り組みの一環として、トヨタが単独で保有している、世界で約5680件の燃料電池関連の特許実施権を無償で提供すると発表して話題になった。

これは、内→外のオープン化の取り組みである。その狙いは、発表どおり、燃料電池車の普及による規模の経済性やネットワーク効果（利用者の数が増えるほど利用者当たりの便益が増える現象）の獲得にあると思われるが、もともと電気自動車や燃料電池車など技術革新の途上にある分野では、自社のものより進んだ技術が生まれてきたら、いちはやくそれに乗らなければ競争に負けるだけであり、技術の囲い込みは意味をなさないとされてきた。

日本経済新聞の西條都夫編集委員は、記事「友達の多い企業、少ない企業」（2015年4月7日付）のなかで、アメリカ西海岸のスタートアップ企業や、全国各地の中小土建会社と組むコマツを例に挙げ、企業が、多くの他の企業や大学、研究所、政府機関と信頼・協力関係で結ばれていれば、その企業はさらに成長する可能性が高いという考え方（「ソーシャル・キャピタル」もしくは「リレーション・エクイティ」）を紹介している。

企業は、オープン化の流れに乗らないリスクも認識する必要がある。

第4章 不確実性下の意思決定

1 アンゾフの成長マトリクス

戦略的な意思決定

アメリカの経営学者で「経営戦略の父」として知られるイゴール・アンゾフは、1965年に『企業戦略論』を出版した。そのなかで彼は、製品と市場のそれぞれについて、既存のものと新規のものとに分け、これらを組み合わせて（2×2＝）四つの企業戦略を考える分析的な枠組み（いわゆる「成長マトリクス」）を編み出した。アンゾフといえば、すぐに成長マトリクスという名前が出てくるが、同書に書かれてあることは多岐にわたり、かつ奥深いものがある。

序文によれば、当時の時代背景として、第二次世界大戦後、それまで軍用だったオペレーションズ・リサーチといった計画的手法を適用して、企業の意思決定を科学的に考える流れが盛んになったことが挙げられている。また、本文のなかで、本来、軍事用語であった戦略という用語が、ビジネスや経営学の世界で使われはじめたこと、そして、その橋渡しの役を果たしたのが、フォン・ノイマン（数学者）とモルゲンシュテルン（経済学者）が確立した「ゲームの理論」であることも紹介している（「ゲームの理論」については本章で後述）。

企業の意思決定にもさまざまなレベルのものがあるが、アンゾフが注目したのは、戦略的意思決定という高次のものである（意思決定として、彼はほかに、管理的意思決定や業務的意思決定を挙げている）。具体的には、その企業が生産しようとしている製品と、販売しようとする市場とのコンビネーションの選択に関するものである。

アンゾフは、一般に、トップマネジメントが関心をもつのは業務的な問題であり、戦略的な問題に対し、関心を払うのが遅れがちになるというリスクに着目した。「戦略的な挑戦というものは企業がそれに対抗するための準備ができていないときに訪れることが多い」と述べる。そのため、戦略的な問題をできるだけ正確に指摘するためのフレームワークをつくろうとしたのだ。

その際、彼は、従来の資本投資決定論、すなわち、将来キャッシュフローの予測をもとに投資プロジェクトを選別するやり方を、戦略的意思決定、すなわち新たな製品‐市場機会の探求に応用する際の限界を指摘する。その限界とは、たとえば、新たな製品‐市場機会について、少なくとも当初の段階では、将来キャッシュフローを構成するだけの情報が不足していること（彼はこれを「部分的無知」と呼ぶ）である。

このためアンゾフは、「適応的探求手法」というアプローチを提唱した。

これは、ひとつの戦略に到達する。すなわち、既存事業に関する分析からはじまって、最終的に新たな製品‐市場範囲を設定し、そこに進出するための手段（内部開発か企業買収か）を決定するに至るまで、はじめにおおざっぱな意思決定を行い、複数の段階を経て解決が進み情報が増えるにしたがって、順次それをリファイン（洗練されたものに）していくという、段階的なアプローチである。

それぞれの段階において、目標設定と、目標までのギャップ縮小というプロセスが、意思決定のために置かれている。また、段階と段階の間には、あとのステップにおいて、それまでの決定に疑問を投げかけるような情報が現れれば、以前の段階に立ち戻って意思決定を再検討するという、フィードバック・プロセスが組み込まれている。全体として、精緻すぎて実用的でないとのちに批判されるほど、よく考えられたアプローチとなっている。

成長ベクトルのマトリクス

さらに、アンゾフは、この手順の間に、成長ベクトルやシナジーといった、意思決定のために考慮すべき、重要な要因を設定している。成長ベクトルとは、既存の製品‐市場分野との関連において、企業がどのような方向に進んでいるかを示すもので、彼はマトリクスを使って表現した。

成長ベクトルの構成要素

市場＼製品	現　在	新　規
現　在	市場浸透力	製品開発
新　規	市場開発	多角化

『企業戦略論』より

同表（上の図）の市場浸透力とは、現在の製品‐市場分野における占有率（シェア）の増大による成長を示すものである。市場開発とは、既存の製品について新しい市場を開拓することによる成長を示すものである。例えば、国内で販売していた製品を新たに輸出したり、これまで輸出していた欧米以外の市場を新たに開拓したりすることである。

製品開発とは、既存の市場で現在の製品に代わる新しい製品を開発・投入することによる成長である。最後に多角化は、製品と市場の両面で、企業にとって新しいものを示すことによる成長である。この成長ベクトルをもとに経営者は、既存の製品‐市場分野との共通性、関連性を確認することができる。

さらにアンゾフは、既存事業との共通性という観点から、市場浸透力、市場開発、製品開発の三つをまとめて拡大化と呼び、

製品と需要のマトリクス

需要＼製品	現在	新規
現在	拡大化 →	
新規	↓	多角化

『企業戦略論』より

多角化と区別した（上の図）。多角化は拡大化に比べコスト高でリスクが大きく、企業がそれでも多角化を選択する場合には、その理由とか、多角化のなかでのさらにきめ細かい類型化とそれぞれのメリット、デメリットなどが、次に考えるべきポイントとなる。

後者についていえば、自動車メーカーが塗料、ガラス、タイヤなど、自動車に関連する新規分野に進出すること（生産工程の垂直的な統合なので、垂直型多角化と彼は呼ぶ）は、同一の最終製品という籠のなかにもっと多くの卵を入れることになり、企業の不安定性につながりかねないとする。

垂直的な統合が企業を特定の経済的需要に依存させてしまうリスクは、薄型テレビに集中投資した日本の電機産業の失敗でも明らかとなった。

シナジーの重要性

一方、シナジー（相乗効果）とは、（2＋2）＞4で表されるような、結合利益を生み出することのできる効果であり、今日では、企業戦略に関するあらゆる意思決定のなかで考慮される概念である。アンゾフは、新たな製品‐市場分野への進出にあたって、企業がどの程度の利益を生み出す能力があるかを測定するための基準として、これを重視した。

ちなみに彼は、シナジーを、さらに販売シナジー、操業（生産）シナジー、投資シナジー、マネジメントシナジーに分類した。この分類も、企業経営に関する多くの解説書で取り上げられている。

販売シナジーとは、共通の流通ルートや販売組織、広告、ブランドなどを利用して得られる追加的な利益である。操業シナジーとは、施設や人員の高度な活用、間接費用の分散、共通の習熟曲線（ラーニングカーブ）や一括大量仕入れなどによって得られる効果のことである。投資シナジーとしては、プラントの共同使用や研究開発の残存効果などが挙げられ、マネジメントシナジーは、過去の経験の応用や、希少価値のあるすぐれたトップマネジメントの共有などによるものである。

もっとも、彼は、シナジーにマイナスのものがあることも明らかにしており、例えば国防産業に属する経営者が、なんの経験もなく、アメリカにおけるタバコや自動車のような、競争の激しい一般消費者向けの産業分野で価格や広告についての意思決定をすることになれば、マイナスのマネジメントシナジーが働く可能性があるとしている。

成長マトリクスが意味するもの

戦略的意思決定のための彼の適応的探求手法は、多数のチェック項目を含む極めて複雑なフロー・チャートにまとめられており、これをみると、いわゆる成長マトリクスは、そのなかのパーツのひとつにすぎないことがわかる。

そのうえで、彼の企業戦略論をあらためて読み解くと、それは、まさに不確実性のもとで意思決定するにあたって、収益性を高めつつリスクを最小限にとどめる（彼は、それを「収益性と柔軟性とを高める」と呼ぶ）ための手法といえる。

実際、彼の著書のなかには、「リスク」や「不確実性」という言葉が随所に使われており、専門的には、リスクとは確実でないが確率が付与されている状態、不確実性とはそれがわからない状態といった解説も出てくる。また、戦略のなかでなおざりにされていた確率の低い出来事が企業に致命的な災難を引き起こす潜在性にまで、言及している。

成長マトリクスは、企業の戦略を表現するにあたって極めて明快なツールであり、今日的な意味も大きいものがあるが、実際は、不確実性やリスクを考慮するための慎重な道具立てであったことを忘れてはいけない。

2　リアルオプションがもたらす柔軟性

従来予測の問題点

近年、不確実性のもとでの企業の意思決定を手助けしてくれる理論が、急速に脚光を浴びている。リアルオプションの理論である。以下は、第2章でも取り上げたジェイ・バーニーの『企業戦略論』の記述にもとづいて、リアルオプションの理論を紹介する。

一般的に企業が戦略に関する意思決定をする際に用いるやり方とは、まず、その戦略（具体的な事業や投資）が将来にわたって生み出すであろうキャッシュフローを予測することにある。

しかし、単に将来的なキャッシュフローを予測するだけでは、そのために現時点で一定額の資本を投下していいのか、判断がつかない。これを決めるためには、投資額と比較するために、将来にわたるキャッシュフローを現在価値に引き直す必要があり、そのために用いられるのが、割引率である。一定の割引率で現在価値に引き直された将来のキャッシュフローが投資額を上回れば、投資に合理性があるということになる。

将来のキャッシュフローの現在価値から投資額を差し引いたものを、戦略やプロジェクトの正味現在価値といい、これがプラスであれば投資にゴーサインを出してもいいというわけである（投資に関する正味現在価値〈NPV〉法）。

ちなみに、将来のキャッシュフローを現在価値に引き直す手法（ディスカウント・キャッシュフロー〈DCF〉法）は、不動産や株価の資産価格を割り出すうえでも使われる。例えば、不動産の価格は、理論的には、その不動産が将来にわたって生み出す収益（賃料から管理費や原価償却費などを差し引いたもの。一定期間後の売却を想定する場合は、これに売却益や売却損を加味する）を現在価値に割り戻したものとされ、足元の実勢価格がこれを大きく上回ると、場合によっては、将来のキャッシュフローに対する過度の期待が投資家に生まれており、バブルの可能性もある。

NPV法やDCF法における割引率は、リスクフリー・レート（通常は、国債の利回り）に、投資家にとってのリスクや不確実性に対する対価（リスクプレミアム）を上乗せしたものとされ、企業の投資戦略に関しては、市場で形成されるその企業の資本コストがこれに相当する。ただし、企業が新しい戦略を考える場合、リスクや不確実性は既存の事業より高いのが通常で、割引率をどのように設定するかは大変難しい問題になる。そればかりか、その設定の仕方いかんで、結果的に誤った判断をし、投下資本を回収できない事態も発生する。

また、そもそも将来にわたるキャッシュフローをどの程度の精度で予測できるのか、割引率が一定ということは、期間中のリスクや不確実性が不変であることを意味するが、そういうことがあるのか、はなはだ疑問である。

さらに、正味現在価値を用いることの欠点として、新たな戦略が将来において企業にもたらすかもしれない、潜在的なプラスの効果を捨象《しゃしょう》してしまう可能性が指摘されている。新製品の開発や新規事業の展開は、企業にとって思わぬ副次効果をもたらすことがよくある。ある製品Aへの投資の現在価値がマイナスであれば、この投資は実行されないが、その場合、仮に製品Aをつくり出すことが、さらに製品BやCを生み出すことにつながれば、トータルとしては現在価値はプラスかもしれない。

理論的には、その可能性を織り込んで現在価値を算出することが考えられるが、そもそも入り口の新規事業のリスクや不確実性が高いなかで、次や、次の次の事業が生み出すキャッシュフローを想定することなどできるはずがない。

オプション理論の活用

こうした正味現在価値によるアプローチの限界を踏まえて編み出されたのが、リアルオプションの理論である。

金融の世界でオプションとは、ある特定の資産を将来の一時点であらかじめ定められた価格で売買する権利のことである。これを、企業が戦略遂行のために使用する物的、人的、組織資本にも応用したのが、リアルオプションである。

リアルオプションの要諦《ようてい》は、金融オプションと同様、今、直ちに意思決定するのではなく、それを選択肢（オプション）として将来に残すことにある。例えば、一定の市場シェアを確保するためには、新製品に10億円投資する必要があっても、それを今、全額投資するのではなく、とりあえず3億円の投資にとどめておき、一定の期間が過ぎて状況を分析し、現状維持か、撤退か、追加投資による事業拡大かを判断するというものである。直感的にも理にかなったやり方であると評価できる。

リアルオプションの意義は、企業の戦略に柔軟性を与える点にある。バーニーによれば、その柔軟性には、次のような六つのケースがある。

- 「遅延オプション」——油田の探索のため、石油会社が土地を購入するのではなく借り受けるようなケース。

・「成長オプション」――生産ラインを将来増やすことが可能なように設計して、工場を建設するケース。
・「縮小オプション」――フルタイム従業員ではなく、契約社員やアルバイトを雇って、事業をより小規模にする際のコストを小さくするケース。
・「閉鎖・再開オプション」――製品流通を、当該企業の製品のみを扱う専売業者に委託するのではなく、多くの企業と取り引きをする業者に委託することによって、いったん事業を閉鎖したのちに、再開することになった際のコストを低くするケース（専売業者であれば、すでに存在していない可能性があり、立ち上げにコストがかかる）。
・「放棄オプション」――できるだけ汎用《はんよう》の工作機械を使用することによって、高度にカスタマイズされた機械に比べて清算・処分価値を高め、戦略放棄のコストを下げるケース。
・「拡張オプション」――将来的な製品BやCの開発・生産を視野に入れて製品Aへの投資を行うなど、市場の境界線を越えることを容易にするケース。

リアルオプションが有効なとき

ただし、柔軟性の確保は別のコストを発生させ、他の戦略目的との間にトレードオフをもたらす（でなければ、一様にオプション戦略が採用されるであろう）。例えば、生産ラインの追加を前提とした工場の建設は、そうでない場合に比べ単位当たりのコストを高め、製品の価格競争力に影響を与えるかもしれない。専売業者を使わなかったり、汎用の工作機械を使用すれば、製品やサービスの差別化が困難になる。そもそもオプション戦略をとることは、顧客の認知度なり、市場での浸透度を高めるうえでは不利に働きかねない。

結局、他の戦略の価値との比較考量のうえで、オプション戦略が選択されることになるが、その際、判断の決め手になるのは何であろうか。

ここで、金融オプションとの類似がもち出される。バーニーの著書では、ブラック・ショールズ方程式と呼ばれる、有名な金融オプションの価値評価を用いて数値例でもって示す。ブラック・ショールズ方程式によれば、権利の行使価格、当該資産の価格、行使期限、リスクフリー・レート、当該資産価格の分散（ボラティリティ）によって、オプションの価値が算出される。当該資産価格の分散とは、リスクや不確実性を表現したものであり、これが大きいほどオプションの価値は高まる。

リアルオプションも同じで、戦略をめぐる不確実性が高いほど、柔軟性を確保する必要が高まり、それはとりもなおさず、リアルオプションの価値が高まることを示す。これは、単にダウンサイドのリスク（撤退することになった場合に発生する取り戻せないコスト、経済学でいうサンクコスト）が一定の範囲内にとどめられるというだけではなく、アップサイドのメリットが、不確実性が高いほど大きいということでもある。

不確実性が高いということは、企業により大きなリターンをもたらす可能性もあるということである。

企業経営とはリスクとの闘い、という意味は、この双方からきている。

持続的競争優位とリアルオプション

さらに、第2章で取り上げたＶＲＩＯとの関係で、リアルオプション理論から得られるインプリケーションがある。オプション戦略を考える際には、将来起き得る事態とそれに対する意思決定を次々に描いた、ディシジョン・ツリーと呼ばれるマップを作成する。時間の経過につれ、ツリーの先に進んでいくが、このことは、あと戻りできない、あるいは、まったく別の分岐に移行できないという意味で、経路依存的であることを意味する。

そして、リアルオプションを形成し行使することが経路依存的であればあるほど、一般に模倣コストは高くなる。競合する企業間でリアルオプション分析が流布していない場合、それによる柔軟性の確保が、持続的競争優位の源泉となり得るとバーニーは指摘する。興味深い論点である。

3　ゲーム理論の応用

経営学におけるゲームの理論

ゲームの理論とは、この章の最初でも述べたが、ジョン・フォン・ノイマンとオスカー・モルゲンシュテルンによって確立された、社会におけるプレーヤー同士の意思決定の仕組みである。

経営学、政治学、軍事戦略、法律、コンピューター・サイエンス、生物学など多岐にわたる分野で応用されたが、経営学において、この理論を積極的に取り込んでビジネス戦略論を展開したのが、バリー・ネイルバフ（エール大学）とアダム・ブランデンバーガー（ハーバード・ビジネススクール）である。

ビジネスの世界における競争はよく戦争に喩えられる。しかし、現実に起きていることは、ライバル企業を含めた提携や、他社のビジネスが伸びることによって結果的に恩恵をこうむることがあるなど、戦争よりもっと複雑で、単純に勝者と敗者がいるわけではない。

いわば、戦争と平和が併存する状態であり、競争（コンペティション）と協調（コーペレーション）を合体させた「コーペティション」（co-opetition）という新語を、ネイルバフとブランデンバーガーは本のタイトルにした（『コーペティション経営』、１９９７年）。

プレーヤーの存在

彼らは、まずビジネスというゲームにおいて、どのようなプレーヤーが存在し、どのような役割を担っているかを重視する。

その際、競争相手とともに、補完的な製品やサービス（＝補完財）を生産する企業にも注目する。それは、コンピューターにおけるハードウエアとソフトウエアの関係であり、自動車における自動車と自動車保険の関係である。

そのうえで、プレーヤーを、顧客、生産要素の供給者、競争相手、そして補完財を供給する「補完的生産者」の四つに分類する。それらの存在と相互依存関係を示すのが、「価値相関図」である（次ページの図）。

相関図の上半分は、その存在によって、顧客にとっての自社製品の価値が増加するか下落するかという観点から、補完的生産者と競争相手が区別され、下半分では、供給者が自分以外へのプレーヤーにも供給することが、自社への供給の魅力の増加につながるか否か

価値相関図

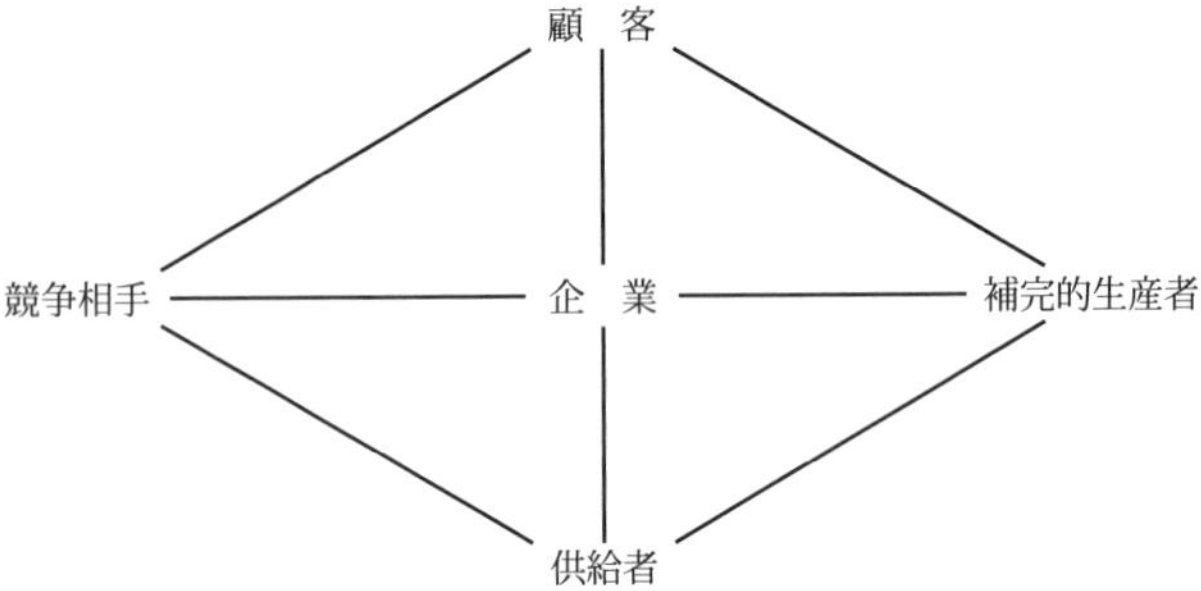

『コーペティション経営』より

という観点から、補完的生産者と競争相手が区別される。

ここで自社の顧客との関係で、補完的生産者と競争相手を区別することは比較的容易であるが（例えば、のどの渇きを癒したい人がコカ・コーラをもっていれば、ペプシ・コーラにはそれほどの価値を見出さない）、供給者との関係はそう単純ではない。

ある企業にとって他の多くの企業は、供給という観点からすれば、競争相手であると同時に、補完的生産者でもあるからだ。例えば、以前、コンピューター・メーカーのコンパックとデルは、インテルの新しいチップの限られた供給をめぐる競争相手であったが、インテルの巨額の開発コストを分担していたという意味では、補完的生産者でもあった。すなわち、現実は、マイケル・ポーターのファイブ・フォース分析で描かれるような単純な世界ではなく、ゲームによってプレーヤーが異なることがあり得るというわけだ。
ビジネスの一方に気を取られてもう一方を見落としてしまうと、思わぬ損失をこうむったり、利益を逃してしまうリスクがあると説く。

ジキルとハイド

ビジネスのゲームにおいては、あるプレーヤーが同時にいくつもの役割を演じているために、そのプレーヤーの役割がみえにくくなり、ゲームがより複雑になるという点は重要である。ネイルバフらはこの点を、「ジキルとハイド」（人間の心に潜む善悪の二面性を完全に分離できると幻想を抱き、ついには破滅を迎える博士を描いた、スティーヴンソンの小説の登場人物）に喩える。

他社が競争相手で補完的生産者でもある場合に、その競争相手としての役割（ハイド氏）だけをみて、とにかく戦おうとする傾向にあるが、実際にはジキル博士でもあることが多く、これを見逃すと大きなビジネスチャンスを逃す。

かつて日本では、ダイエーのケースのように、中心市街地への大規模店舗の出店に際し、地元商店街が反対するケースが多くみられた。しかし、最近では、大規模店舗の中心市街地からの撤退が、周辺のにぎわいを奪ったとして地元が困惑している。一方、いろいろな商品・分野で、リアル店舗とバーチャル店舗（ネットショッピング）との融合を図る動きがみられているが、以前は、これも対立的にとらえられていた。

なぜ人はハイドに気づくことができるのに、ジキルは見落としてしまいがちになるのか。この点について、ネイルバフらは、「ビジネスは戦争だ」との固定観念があるからだとする。すべてを競争、あるいはトレードオフの関係にあると思いがちであるところに問題がある。

多くのプレーヤーは、競争相手であると同時に補完的生産者であり、それを前提とした補完的関係をも模索すべきという点は、同業者が多く集まる場所（例えば、餃子の宇都宮）にはその製品やサービスを求める人が多く集まり、結果として分け合うパイが増えるという点にもみられる。

競争に勝つことだけを考えるのではなく、「より良い方法は自分と競争相手の双方が勝つ機会をみつけることだ」というネイルバフらの主張は、「Ｗｉｎ－Ｗｉｎの関係」や「三方一両得」の考え方に通じる。

さらにネイルバフらは、ビジネスというゲームにおいて重要な概念を、プレーヤー以外にも四つ挙げて（付加価値、ルール、戦術、範囲）、以下のように説明した。

それぞれのパーツを理解する

「付加価値」とは、あるプレーヤーがゲームにもち込む価値の量であり、それは、当該プレーヤーがいなかったら全体のパイがどう変化するか、他のプレーヤーに何が起こるかによって決まる。例えば、複数ある自動車メーカーのうち、ある１社が存在しないとした場合、消費者にとっては車の選択肢が少し減る程度の不便しか起きない（他社への乗り換えによって他社は利得を得る）とすれば、その会社の付加価値は小さいという。その存在が、市場全体の規模や成長に大きな影響を与えていないからである。

問題は、人でも企業でも、自らの付加価値を見誤るリスクを抱えているということにある。往々にして過大に見積もる傾向があり、企業の場合、それが、イノベーションの怠慢や強気の価格設定、合併交渉などにつながる。

いかなるゲームにもルールがあるように、ビジネスにも「ルール」がある。慣習、契約、法規制といったものである。プレーヤーのすべての行動は必ず他者の反応を引き起こすことによって、ルールがもたらす影響が当初想定したものと異なるものになる可能性がある。

例えば、最優遇条項（ＭＦＣ、Most-Favored-Customer Clause）とは、企業と顧客との契約において、ある顧客を他の顧客よりも不利に扱わないことを保証するもので、これによって顧客の方が一方的に利益を得るようにみえる。ではこの申し出に顧客は飛びつくべきか。

しかし、この条項の導入を理由に、今後、企業が値下げ要請に応じないこともあり得るし、大型ディスカウント・ストアや家電量販店でみられるように、近隣の他店より必ず安い価格を保証するというのであれば、別なサービスが削られている可能性を考える必要がある。

相手の立場に立って他者がどのようにゲームをみているかを考えなければ、思わぬリスクを抱えることになる。

ほとんどのビジネスにおいて、交渉が行われる。そして、交渉では、認識が中心的な役割を果たすが、互いに同じ情報をもって交渉が行われるわけではなく、互いがもっていない情報も考慮に入れながら交渉が行われる。その際、他者の認識を変えることができればゲームを変えることができる。他社の認識を変えたりつくったりするための行動を、ここでは「戦術」と呼ぶ。

ネイルバフらの書では、他者の認識を動かすためのさまざまな手口が書かれている。そこではまず、「自分が誰なのか」「自分が何をしたいのか」を相手方に伝え、その認識に影響を与えるためにコストをかける必要性を説く。とくに新製品を売り出すときなど、「納得させる」「信頼を得る」ことが必要になり、保証を提供する、無料試用期間をつくる、宣伝を大々的に行う、結果に応じた支払い契約（歩合制など）に応じる、などで「自信を示す」ことが、ときに必要になってくる。

一方で、通信料金などでみられる複雑な価格体系は、高価格を霧のなかに包み込み、便利な価格設定のようにみせかける、比較を困難にするといった利点がある反面、管理費用を高めるだけでなく、顧客を混乱させたり、競争相手による価格の引き下げ攻勢の余地を与えるなどのリスクがあるとする。最近、従来の通信大手各社の料金設定が（値下げ余地があるという点で）問題とされているが、まさにこの点である。

「範囲」とは、人々が暗黙のうちに定義するゲームの範囲のことである。どのようなゲームでも必ず他のゲームと結びついているが、それでも人は境界線を定め、多くのゲームに分割してしまう。他のゲームとのつながりを理解し、それを変えていくことが大切になる。

他のゲームとのつながりを理解することの重要性に関し、同書では、１９８０年代末のエプソンの事例が出てくる。

当時、アメリカのプリンター市場には、価格の低いものから順に、ドット式、インクジェット式、レーザープリンターの3種類が存在し、うちドット式が、市場全体の8割の数量シェアを占めていた。エプソンは、そのドット式をほぼ独占していたが、高価格で収益率が高いレーザープリンターに目をつけ、低価格攻勢をかけた。

たしかにエプソンはレーザープリンターでのシェアを高めることができたが、レーザープリンターでの価格競争が、中間機種にあたるインクジェット式にも及び、その結果、ドット式からインクジェット式に需要がシフトし、結果的にエプソンは打撃を受けることになった。競争相手の反応やゲーム間のつながりを見落としていたのだ。

ゲームとゲームはつながっており、常により大きなゲームが存在することを考える必要があると説く。

ゲームの構成要素、すなわち、プレーヤー（Players）、付加価値（Added Values）、ルール（Rules）、戦術（Tactics）、範囲（Scope）の頭文字をとって、ネイルバフらは、パーツ（PARTS）と呼ぶ。

ゲームの理論のビジネスへの応用を説く彼らの最終的なメッセージは、目の前にあるゲームを無条件に受け入れる必要はない、ということである。パーツをよく理解し、これらのうちどれかを変えることによって、ゲームを新しいものにし、成功を導き出すことができるという。その際、目の前のゲームだけでなく、より大きな全体像をつかむことが重要とする。

競争と協調の双方（コーペティション）を考えることで、企業が成功を収める確率が高まる。

利益を増やす、損失を回避する、すなわち、ビジネスのリスクマネジメントを行ううえでのゲーム理論の有用性を説いたのが、ネイルバフとブランデンバーガーの書であった。

第5章　マネジメントが意味するもの

1 マネジャーのジレンマ

マネジャーの実像

カナダ・マギル大学のヘンリー・ミンツバーグは、『マネジャーの仕事』（1973年）や『MBAが会社を滅ぼす』（2004年）、『マネジャーの実像』（2009年）など、マネジメントに関する著作で有名だが、『戦略計画』（1994年）や『戦略サファリ』（1998年）など、戦略面での大家でもある。

彼は、マネジメントでも戦略でも、分析よりも実践や経験を重視し、真のマネジメントや戦略は、現実のなかの「共創《きょうそう》」から生まれるという、一貫した考え方をもっている。

出世作である『マネジャーの仕事』において、ミンツバーグは、5人の企業経営者に1週間ずつ密着し、マネジャーがいったい何をしているのか、その本質を明らかにしようとした。

その36年後、彼は、新たに29人のマネジャーを日々観察し、なお残された謎を解明しようとした。それをまとめたのが、『マネジャーの実像』である。29人は、民間企業、政府機関、医療機関、非政府機関・営利団体など、さまざまな組織のさまざまなレベル（スタッフの数は、最小で18人、最大で80万人）から選ばれた。

ミンツバーグは同書で、マネジメントやマネジャーに関し、三つの問題意識を示した。ひとつは、リーダーやリーダーシップを特別扱いする、いわゆるリーダーシップ論を排することである。「大きなビジョン」だけを振りかざす、おおざっぱなリーダーシップが多すぎる、リーダーはマネジメントを他人まかせにしてはいけない、リーダー（指導者）とマネジャー（管理者）を区別してはいけない、などと説く。

二つ目は、マネジメントは実践の行為であり、サイエンスや専門技術ではないとする。マネジャーがものごとを分析するうえでは、サイエンスにもとづく手法（例えば、データ解析）が必要だが、さらにアート（直感や洞察）、それにもましてクラフト（技）の要素が不可欠であるとする。そのため、マネジメントの方法論には暗黙知の部分がたくさんあり、マニュアル化できるものではないという。

三つ目は、「今は大きな変化の時代である」という誤った先入観をもち、マネジャーの仕事も同様だと思い込むことのないようにということである。とかく変化したものだけが

マネジメントの3要素

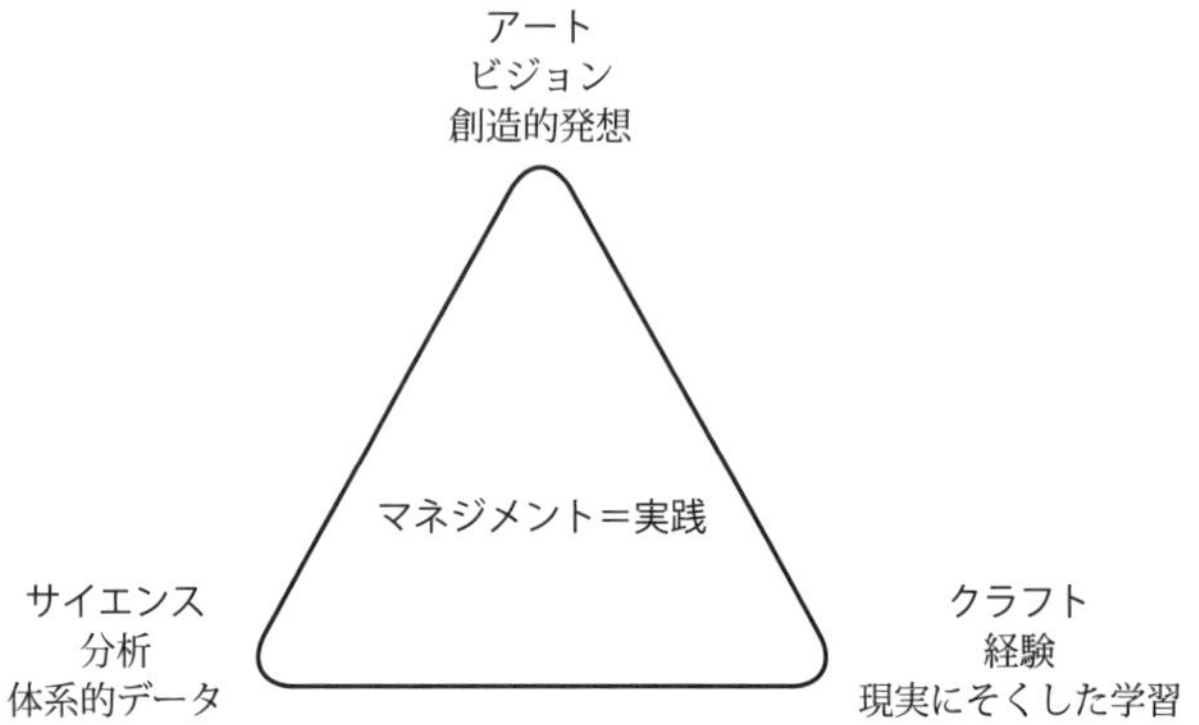

『マネジャーの実像』より

自分たちの視野に入ってくるが、実は、ほとんどのものは昔と変わっておらず（例として、上着のボタンや4気筒内燃エンジンで走る自動車など）、マネジメントの基本的な性格は昔も今も変わっていないとする。

さらにミンツバーグは、マネジャーにとって避けられない、マネジメントのジレンマを取り上げる。それは、とりもなおさず、マネジャーやマネジメントにおけるリスク要因である。

13のマネジメントのジレンマ

彼が示したジレンマ（左ページの図）には、大きく分けて「思考のジレンマ」「情報のジレンマ」「人間のジレンマ」「行動のジレンマ」「全体的なジレンマ」の五つがあり、それらはさらに細分化され、ジレンマは全体で13にのぼる。本書では、そのうち代表的なものをいくつか紹介する。

・「上っ面症候群」とは、13のジレンマのなかでもっとも基本的なものである。眼前の大量の案件を処理するために、深く考えずにものごとを進めることで、結果的に優先順位を間違えたり、重要な気づきを逃してしまうリスクがある。

これに対しては、「上っ面を上手になでられるようになる」、すなわち、複雑な問題を細分化して短時間でひとつの問題を片付けられるようになることだとしている。同時に、たとえ短い時間でも一歩後ろに下がって冷静に考える「振り返り」を奨励する。

・「計画の落とし穴」は、上っ面症候群の一種だが、マネジャーの仕事があわただしいが故に、「計画立てて計画を立てる

マネジャーのジレンマ

思考のジレンマ
上っ面症候群　　計画の落とし穴
分析の迷宮

情報のジレンマ
現場との関わりの難題　　権限委譲の板ばさみ
数値測定のミステリー

人間のジレンマ
秩序の謎　　コントロールのパラドックス
自信の罠

行動のジレンマ
行動の曖昧さ　　変化の不思議

全体的なジレンマ
究極のジレンマ　　私のジレンマ

『マネジャーの実像』より

ことができない」というジレンマである。

この点、それを解決するために、「戦略を立案する」とよくいわれるが、それに対してミンツバーグは否定的である。これに関連して、「戦略を立案するための分析テクニックを私は重んじている」とのマイケル・ポーターの言葉を、戦略の世界は雑然としていて、さまざまな要因が複雑に絡み合っており、「分析テクニックで戦略を立案した人物は、過去にひとりもいない」と、手厳しく批判している。

戦略や基本方針は、公式につくり出すものではなく、自然発生的につくり出されることもあり、マネジャーにとって必要なのは、思考と行動、具体論と抽象論の間を自在に往復し、細部から一般法則を見出すことだとする。

・「現場との関わりの難題」とは、マネジメントという行為の性格上、マネジメントの対象から乖離《かいり》することは避けがたく、そういう状況のもとで、どうすれば現場の情報を切れ目なく入手できるのか、という問題である。
これに対しては、大きな組織には、トップと現場を結びつけられるミドルマネジャー層が不可欠とし、また、積極的にマネジャーを現場に触れさせることが必要だとする。この点、現場に口を出しすぎるマネジャーより、現場のことがわかっていないマネジャーの方が、昨今の職場で大きな問題を生んでいるという。

- 「数値測定のミステリー」とは、「現場との関わりの難題」などを解消するために、できるだけ数値化を進めればいいという考え方の落とし穴である。数値化には限界があり、数値化を強調することで、数値化できない重要な情報が抜け落ちたり軽視されたり、なかには信頼できない情報も数値には含まれていることが忘れ去られてしまうというのだ。

　数値化されたハードなデータと、勘など数値化されないソフトなデータの両方を一体として取り扱うこと、マネジャーが直接見聞きして情報を集めることも併用することなどを説く。

- 「秩序の謎」とは、組織が安定と予測可能性を必要としていて、そのためにマネジャーやマネジメントが存在するが、マネジャーの仕事ぶりはかなり無秩序であるという謎である。それは、顧客のニーズが変わったり、技術が進歩したり、経済が混乱したりと、外部環境がつねに変化し続けているからだとみる。

　これに対して彼は、ほかのジレンマと同じように、二つの要素の微妙なバランスをとる以外に方法はないとして、「カオスに支配させよ。そのうえで、カオスを支配せよ」という、インテルの創業者アンドリュー・グローブの言葉を引用する。

- 「自信の罠」に関しては、マネジメントに成功するためには自信の持ち主でなければならないが、自信と傲慢の境界線は極めて細く、しかも、ぼやけているとする。

そのうえで、組織が「自信の罠」に対処するためには、健全な自信の裏返しで謙虚に振る舞える人物をマネジャーの地位に就けるべきと説く。この罠は、組織全体について よくいわれる、「成功の落とし穴」の背景でもある。

・「行動の曖昧さ」とは、マネジャーには決断力が必要とされるが、ややこしくて、微妙な差異が大きな意味をもつ環境で、一概にマネジャーが決断することが果たしてよいのか、というジレンマである。

そもそも、マネジメントに必要とされる、整然とした「意思決定」が本当に行われるのかどうか、また、「意思決定」したとしても、その言葉がイメージさせるほど確定的な行動が続くのかどうか、かなり疑わしいという。それは、修正を要する事態が発生したり、結果をはっきり予測できない事態が多いからである。

その際、自信があるマネジャーが断定的に決断した結果、それが裏目に出ることは大企業が企業買収で失敗するケースでよくみられるとする（ちなみに、なぜ大企業が企業買収につまずくのかというのは、ビジネス研究の主要テーマのひとつでもある。多くの場合、シナジーに対する過大な期待や思い込みがあるとされる）。

待てば対応が遅れるリスクがあり、すぐに動けば想定外の結果に見舞われるリスクがある。こうしたなかでマネジャーは、特別なマニュアルなしに、自分で判断するしかない。このジレンマに対処するには、マネジャーの意思決定の能力を制限すること、そして、時間をかけて問題を「もみほぐす」聡明さと思慮深さを身につける必要があると説く。

・「究極のジレンマ」とは、マネジャーは、数々のジレンマに同時に対処しなければならないというジレンマである。板ばさみや袋小路、迷宮や謎は、マネジメントと切り離すことができず、マネジメントそのものである。環境の変化に対応し、絶えず変化する動的なバランスをとっていくこと。そして、ジレンマにぶつかったときには、ものごとを深く理解する姿勢が重要だというのが、ミンツバーグのメッセージである。

個別に示された彼による対処方法は、いずれも漸進的、かつバランス重視で、これを実践すれば問題が直ちに解決するというマニュアルにはほど遠い（彼は、著書のなかでしばしばこの点を強調している）。それは、これがまさに現実だからである。

要は、こうしたジレンマの存在やマネジメントの限界を十分「自覚」し、それを「前提」とした行動なり体制をとることが必要だということである。

何となくわかっていても、つねに自覚するのは難しいのも現実だが、だからこそ必要というわけだ。ただし、例えば漸進的といっても、それが単なる問題の先送りでは意味がない。その間の不断の情報収集や分析、思考が求められる。バランスを保つ。これは、すべてのリスク管理において必要なことである。

2 ビジョナリーカンパニーであるためには

「ビジョナリー」な企業とは

ビジネス研究者のジェームズ・C・コリンズとスタンフォード大学のジェリー・ポラスが唱えた有名な企業モデルが、「ビジョナリーカンパニー」である。

それは、「ビジョンをもっている企業、未来志向の企業、先見的な企業であり、業界で卓越した企業、同業他社の間で尊敬を集め、大きなインパクトを業界に与え続けた企業」(『ビジョナリーカンパニー』、1994年)と定義される。

彼らは、700社のCEOへのアンケート調査をもとに、1950年以前に設立された「ビジョナリー」な企業18社を選び、調査対象とした(1989年当時)。調査対象の企業の設立年の中央値は1902年で、もっとも古い企業は1812年設立（シティコープ）、もっとも新しい企業は1945年の設立（ソニーとウォルマート）だった。

彼らは、こうして選んだ18社に共通する要因だけを分析することはしない。「自社ビルを持っている」という、本来意味のない特徴も拾いあげる可能性があるからである。そこで彼らは、設立時期や設立時の事業が似ていて、それなりに当時、業績が良い18社以外の比較対象企業を選び出し、その会社との対比も加えて、ビジョナリーカンパニーは本質的に何が違うかを探った（次ページの図）。そのために、各社の設立時点までさかのぼって膨大なデータを集め、以降の歴史のなかで繰り返されるパターンや根底にあるトレンドを見出すことに努めた。

調査の結果、ビジョナリーカンパニーになるには、「すばらしいアイデア」「カリスマ的指導者」「共通する『正しい』基本的価値観」「緻密で複雑な戦略」「根本的な変化をもたらす外部からの人材」「競争に勝つという目的意識」といった、一見、優良企業にありそうな要素（同書では「神話」と呼んでいる）は必要でない、場合によっては弊害になり得るとした。

そのビジョナリーカンパニーたり得るおもな要件は、次のようになる。

ビジョナリーカンパニーと比較対象企業

ビジョナリーカンパニー	比較対象企業
3M	ノートン
アメリカン・エキスプレス	ウェルズ・ファーゴ
ボーイング	マクダネル・ダグラス
シティコープ	チェース・マンハッタン
フォード	GM
GE	ウエスチングハウス
ヒューレット・パッカード	テキサス・インスツルメンツ
IBM	バローズ
ジョンソン&ジョンソン	ブリストル・マイヤーズ
マリオット	ハワード・ジョンソン
メルク	ファイザー
モトローラ	ゼニス
ノードストローム	メルビル
プロクター&ギャンブル	コルゲート
フィリップ・モリス	R・J・レーノルズ
ソニー	ケンウッド
ウォルマート	エームズ
ウォルト・ディズニー	コロンビア

『ビジョナリーカンパニー』より

ビジョナリーカンパニーの要件

第一に、ひとつのすばらしいアイデアや特別に偉大な指導者がいたわけではなく、「基本的な過程、基礎になるダイナミクス」が組織に深く根づいていることにある。すなわち、「会社を製品の手段としてみるのではなく、製品を会社の手段としてみる」ことであり、それは、あたかも「時を告げるのではなく、時計をつくる」ことのようである。

コリンズらは、その歴史的な喩えとして、アメリカの建国を取り上げている。建国時の最大の課題は、誰が大統領になるかではなく、すぐれた大統領を生み出すための仕組み、プロセスをつくることであり、自分たちが目指す国とは何か、それを築くためには、どのような指針と仕組みが必要なのかということを考え、つくったのが、合衆国憲法であった。また、当時の指導者は、いずれも「すべておれにまかせろ」式のカリスマ的指導者ではなかったとする。

第二に、「基本理念」をもつことを重視したことである。基本理念とは、基本的価値観（組織にとって不可欠で不変の主義）と目的（単なるカネ儲けを超えた企業の根本的な存在理由）から成る。それは、単に宣言するだけでなく、それを基準としてものごとを判断し、経営者を育成することが必要だ。

第三に、進歩への飽くなき意欲をもっていることである。「基本理念を維持しながら、進歩を促す」ことこそが、その真髄である。そして、このための具体的な仕組みをつくることが、時計をつくるということである、と説く。

BHAGとは

コリンズらは、6年間に及ぶ調査の結果を、たったひとつの概念にまとめるならば、それは「基本理念を維持しながら、進歩を促す」ことだとしている。そして、同書の後半では、そのための具体的な方法を述べていく。その第1が、BHAG（ビーハグ）と呼ぶ、社運を賭けた大胆な目標を掲げることである。

BHAGとは、"Big Hairy Audacious Goals"の略で、直訳すると、「とんでもなく大胆不敵な目標」であろうか。ボーイングやウォルト・ディズニーがその例として出てくる。

ボーイングは、航空技術の最先端に位置するという基本理念のもと、リスクを積極的にとって、B707、B727、B747という画期的な航空機を次々に開発、民間航空機市場を開拓した。また、ディズニーは、人々を幸せにするという基本理念のもと、同じくリスクをとって、『白雪姫』という、当時は考えられなかった長時間のアニメーションや、ディズニーランドという、まったく新しい遊園地をつくり出した。

ボーイングやディズニーが、これら新規プロジェクトを進めるにあたっては、不退転の決意で臨んだという。ほかのビジョナリーカンパニーも同じである。

リスクをとってリターンを得るのは、企業にとって本質的なことだが、ビジョナリーカンパニーは、それが大胆であることに特徴がある。しかし、それはやみくもにリスクをとる、いわゆる「匹夫《ひっぷ》の勇」（必要のない、つまらない勇気）ではない。

コリンズらは、「BHAGは、社内からみたときより、社外からみたときのほうが、はるかに大胆にみえる。ビジョナリーカンパニーは、いくら大胆だといっても、神々をおそれぬほどではないと考えている。掲げた目標を達成できないとは、まったく考えてもいないのだ」と述べ、ロック・クライミングをしている登山者を例にとっている。

素人目には危険極まりない行為でも、本人たちは、力量を考え岩場を選んでおり、集中力を保っていれば失敗しないと考える。ただし落ちれば命はなく、だからこそチャレンジする気になるとしている。

そして、ここが肝心なのだが、BHAGを追求するにあたっては、ボーイングであれば製品の安全性を最優先する、ディズニーであれば細部に対してこだわるという、各々が掲げる基本理念を曲げることは決してないというのである。

だとすれば、ビジョナリーカンパニーのリスクテイクは、（どこまで明示的に意識しているかどうかは別にして）計算されたものであり、外からみた大胆さは、経済学でいうところの情報の非対称性がもたらす、競争優位の要因になるともいえる。

このように考えると、そもそもビジョナリーカンパニーがもっている資質は、全社的なリスクマネジメントと表現できる。ひとつのアイデアや製品、一人の指導者に頼らずに「組織」をつくるのだ。

その際、基本理念を組織に根づかせ、その一貫性を保つ。同時に、絶えず進歩して外部環境の変化に対応するとともに、自ら市場を切り開くパイオニアになる。これらがあるからこそ、卓越した企業として存続した。

ビジョナリーカンパニーにとってのリスク

では、これまで、ビジョナリーカンパニーに困難はなかったのだろうか。

コリンズらによれば決してそうではなく、困難なときにこそ底力を発揮して危機を乗り越え、長期にわたって驚くほどの業績を残してきたとある。

また、ビジョナリーカンパニーの性格をもっているが倒産した企業はないのだろうか。この点について、次のように述べている。

「その1　ビジョナリーカンパニーの性格をもったとしても倒産した可能性は否定でき

ない。本書でいっているのは、生き残るための方法ではなく、卓越した組織になるための方策であり、その道筋にはリスクもある（単に死なないためだけだったら、エベレスト登頂をめざすべきではない）」

「その2　しかし、長期にわたる歴史を調べた結果としては、企業がビジョナリーカンパニーの性格をもてば、偉大になる確率も、生き残る確率も、どちらも高まると考える」

後者の点は、まさにビジョナリーカンパニーがもっている素質が、全社的なリスクマネジメントだからであろう。

ビジョナリーカンパニー18社のひとつが、ソニーである。ソニー創業者の井深大《いぶかまさる》の最高の「製品」は、ウォークマンでもトリニトロンでもない、ソニーという企業であり、その企業文化であると評されている。設立趣意書に掲げられた、高い理想と明確な理念、それが変わらずソニーの成長の原動力となった点など、ビジョナリーカンパニーの資質をソニーは備えるとされていた。

しかし、そのソニーも、近年は苦境に立たされている。

3　目標やビジョンを「戦略」と取り違えるリスク

良い戦略、悪い戦略

リチャード・ルメルト（現ＵＣＬＡ）は、かねて戦略論の大家として有名であり、多くの企業のコンサルティングや助言に参加している。

その彼が著した『良い戦略、悪い戦略』（２０１１年）は、実際の企業現場でのやり取りや歴史上の事件を含む、多くの事例を集めることによって、非常にシンプルでわかりやすい戦略論となっている。

「良い戦略は必ず単純かつ明快である。パワーポイントによる説明、戦略に関するマネジメントツール、マトリクスやチャートなどは無用である。眼前の状況に潜む一つか二つの決定的な要素、すなわち、こちらの打つ手の効果が一気に高まるようなポイントをみきわめ、そこに狙いを絞り、手持ちのリソースと行動を集中することに尽きる」と、いい切っている。

経営戦略論を学ぶ人やコンサルティング会社に勤める人にとっては不本意な部分もある

が、彼のメッセージの重要な部分は、戦略プランニングそのものには意味がないということである。

ルメルトは同書のなかで、まず、良い戦略とはどのようなものか、具体例を示す。

例えば、１９９７年にアップルのＣＥＯに復帰したスティーブ・ジョブズがまず行った製品ラインナップの整理や、１９９１年にアメリカ主導の多国籍軍によって行われた対イラク戦（包囲作戦）は、定石《じょうせき》だからこそ驚きをもって受け止められ、かつ、狙いを定めてリソースや行動を集中させたことで大成功を収めたとする。

また、ウォルマートがＫマートを凌駕し、全米一のディスカウント・ストアになったのは、統合化された店舗ネットワークの強みを見出し、これを事業の基本単位としたことで、フルラインナップのスーパーマーケットの出店には、最低10万人以上の人口が必要だとの常識を打ち破ったからである。

次にルメルトは、悪い戦略とはどのようなものであるかを示す。

彼によれば、戦略が何も立てられていないということではなく、また、結果的に失敗した戦略を意味するものでもない。目標が多すぎる一方で、行動に結びつく方針が少なすぎるか、まったくないものとする。

そして、数多くの経営者が、目標を掲げることだけが、自分の仕事だと考えているようで、矛盾を抱えた複数の目標や実行不可能な目標を掲げるが、そのような（戦略とはいえない）「戦略」では、壮大な言葉遣いが高揚感を演出しているという。

悪い戦略の特徴

さらに、悪い戦略とは、次のような四つの特徴をもつとする。

1、空疎である

空疎な戦略とは、わかりきっていることを専門用語や業界用語で煙に巻くような戦略を意味する。2001年に破たんしたエンロンの商品市場戦略を、同社を顧客にもっていた（のちに自身も解散に追い込まれた）会計事務所のアーサー・アンダーセンが説明した模様を例にとる。また、最近では、そのような空疎な戦略がIT業界でよくみられるとする。たしかに、IT企業の戦略や企業説明には、空疎かどうかは別にして、カタカナ用語が目立つのは事実である。コンサルティング会社も同様である。

2、重大な問題に取り組まない

戦略とは、本来、困難な課題を克服し、障害物を乗り越えるためのものであるが、それを避けているのが、悪い戦略である。

農機具メーカーのインターナショナル・ハーベスターが1977年に策定した「戦略プラン」は、五つの事業部がそれぞれ作成した戦略プランの寄せ集めであり、余剰人員を抱えた非効率的な組織という、真の課題に向き合っていなかったために、何ら効果を発揮することなく、同社は立ち直れない状況になったという。

今日では、穴埋め式のテンプレート（雛形）による、「ビジョン」「ミッション・ステートメント」「戦略目標」「（目標ごとの）戦略」「イニシアティブ」という一連の流れによる戦略プランニングが、その罠に陥っているとする。たしかに、パワーポイントを使うことによって、自ら酔うような目標やプランの説明が容易になったのは事実だし、気をつけなければいけない点である。

3、目標を戦略と取り違えている

ルメルトが知り合いの企業経営者からみせられた戦略プランは、売上高や利益率の数字、顧客重視の経営といった文字が並べられていただけだった。そこで彼は、それは業績目標であって、戦略ではない、問題はそれをどうやって実現するかだといったそうだ。

ビジネスの競争は力と意思だけではどうにもならず、圧倒的な強みや業界の変化による新たな商機といった、飛躍のきっかけが必要だ。それらは、年1回セットになってやってくるわけではないので、戦略策定は「時に応じ」て行うものであり、毎年、機械的に行うものではないとする。

4、間違った戦略目標を掲げている

いろいろなことを詰めすぎたごった煮状態の目標、非現実的な目標など。また、業績不振の原因を取り組み対象とせず、結果だけを取り組み課題として掲げる、といった戦略目標は、悪い戦略とする。

悪い戦略がはびこる理由

ルメルトはさらに、悪い戦略がはびこるのはなぜかという、興味深い論点にメスを入れる。そこで述べられているのは、以下の三つの理由である。

1、困難な選択を避ける

戦略や競争優位に関してさまざまな理論が展開されているが、戦略策定の難しさは、結局のところ選択そのものにある、というのがルメルトの考えである。

戦略は1本の柱、1本の道である以上、真の戦略をもつためには、ひとつを選んでほかを捨てる必要があるが、夢や希望に「ノー」というのは、心理的にも、政治的にも、組織運営上も難しいため、選択が先送りされがちで、選択されたときには手遅れになっている可能性が高いとする。最近の東芝がそうであろうか。

1960年代から70年代にミニ・コンピューターで全米最大手になったものの、32ビット・パソコンの登場で窮地に立たされたデジタル・イクイップメント・コーポレーション（DEC）が、コンピューター、チップ、ソリューションのうちから戦略を選択するのを先送りした結果、単独では生き残ることができなかった例と、半導体メモリーから思い切って撤退し、マイクロプロセッサへの事業転換を推し進め、やがて半導体で世界最大手になったインテルを、ルメルトは対照的な事例として取り上げている。

2、穴埋め式チャートで戦略をこしらえる

前途にある障害に注意深く気を配ることなく、前向きなビジョンで人をその気にさせる、カリスマ性をうたったリーダー論が一時期盛んになったことは、ある種の悪い戦略がはびこるきっかけになったとする。

2000年代になると、それが、前述したように「ビジョン」「ミッション・ステートメント」「戦略目標」「戦略」「イニシアティブ」で構成される、テンプレート式「戦略プランニング」の大流行に切り替わる。例えば、「未来のリーダーを育て、知のフロンティアを広げることによって、社会に貢献する学問の場であり続ける」というミッションは、自分の大学は大学であるといっているにすぎず、何も意味のある情報を発していないと切り捨てる。

3、成功すると考えたら成功する

「成功すると思えば成功する」「不可能を可能にする」式のポジティブ・シンキングは一種の妄想であり、経営や戦略への取り組み姿勢としては勧められないとルメルトはいい切る。分析というものは、起こり得る事態を考えるところからスタートするのであり、そのなかには好ましくない事態も当然含まれる。戦略を考えるときには、批判的に考える能力を捨ててはならないとする彼の主張は、戦略の策定がリスクマネジメントでもあることを物語っている。

一方、ルメルトは、「良い戦略」とはどのようなものであるかも示す。

良い戦略とは、十分な根拠に立脚したしっかりとした基本構造をもっており、一貫した行動に直結すると説く。

そして、この基本構造を「カーネル（核。システム用語では、アプリケーションソフトウエアとコンピューターのハードウエアを結びつける、オペレーティングシステム〈OS〉の中核部分)」と呼んでいる。カーネルを組み立てるときに、ビジョンやミッションや目標や戦術をあれこれ考える必要はなく、競争優位を追求する必要もない、また、経営戦略、事業戦略、製品戦略などに分けることも無用だ、「ずばり単刀直入なのが良い戦略である」と断じる。

カーネルの要素

カーネルは、次の3要素から構成される。

1、診断

まず状況を診断し、取り組むべき課題をみきわめることである。

例えば、1993年にIBMのCEOに就任したルイス・ガースナーは、当時、深刻な業績低迷に見舞われていたIBMについて、問題は、コンピューターの総合メーカーであることではなく(これを理由に、当時、細分化や分社化の準備が進められていた)、総合的なスキルを活かせていないことにあると診断した。

そして、IBMはむしろもっと統合化を進めるべきだが、これからはハードウエアではなく顧客向けのソリューションに力を入れていくと宣言した。何が問題なのかをガースナーは正しく診断したと、ルメルトは評価する。

2、基本方針

次に、診断でみつかった課題にどう取り組むか、大きな方向性と総合的な方針を示すことである。「基本」という言葉がついているように、細かい内容は指示しなくても、難局に立ち向かう方法を固め、他の選択肢を排除するものとする。

先のガースナーが掲げた「顧客にソリューションを提供する」という方針は、「データ処理に関する世界トップクラスの技術力と専門知識というIBMの無形の強みを活かすものである。かつ、悩める巨人に将来の方向性を明確に示して不確実性をぬぐい去り、膨大なリソースを具体的な目標に集中投下するプロセスを始動させたという点で、この方針そのものが新生IBMの強みになったという。

3、行動

最後に、基本方針を実行するために設計された一貫性のある一連の行動である。その際、すべての行動をコーディネートして方針を実行する必要がある。

ルメルトは、多くの人が、基本方針を戦略と位置付けてそこで終わってしまうが、それは戦略とはいえないと警告する。また、相乗効果や連携が期待できない「やることリスト」を寄せ集めただけでも、戦略とはいえないとする。

会社という複雑な組織は、ばらばらに動こうとする傾向があるので、それを抑えてひとつの力にまとめる必要がある。戦略とは、結局のところ、コーディネートされた行動があるシステムに強制されるという形で具現化するとルメルトはいう。

ただし、「会社一丸となる」たぐいの戦略は、現場の知識や経験、専門性と対立し、思わぬコストを強いられるリスクがある。通常の活動はそれぞれの部署に委ね、ここぞというときに行動を一点集中するのが賢い戦略であり、賢い組織であると釘をさす。

剣術の達人が語るような内容である。

◆第Ⅱ部　リスク管理編

第6章　人や企業はなぜ失敗するのか

1　必ず潜む心のバイアス

心理学の応用

　政治学、数学、経済学から出発し、人間の意思決定に関する研究を通して、心理学、さらにはコンピューター理論にまで幅広い分野に携わったのが、ハーバート・サイモン（1916〜2001）である。彼は、1978年にノーベル経済学賞を受賞している。

　サイモンが生み出した画期的な概念が、「限定合理性」と呼ばれるものである。

「人間が下す経済的な判断は、完全な情報にもとづき、効用や利益を最大化するよう合理的になされるという仮定は、非現実的であり、実際には、多くの不確実性のなかで、経験則にもとづき、適度に満足するよう限定的になされる」とする。この考えは、のちのカーネマンらによる、実験をもとにした人間の行動や意思決定に関する研究（行動経済学）につながっていく。

　また、彼は経営学者としても名を馳せていた。1947年に初版が出版された『経営行動』は、経営における意思決定の問題を正面から取り上げ、その後の学界にも大きな影響を与えた。

そのひとつは、彼が「内面化」と呼ぶものである。内面化とは、「組織のメンバーの神経系統に、その組織が用いたい決定の基準を注入するもの」であり、「組織のメンバーは、知識、技能、及び一体化あるいは忠誠心を獲得し、それによって、組織が彼に決定してもらいたいと欲しているように彼自身で意思決定することができるようになる」ことを指す。

もっとも、これが行きすぎると、組織が暴走するリスクや、あとに述べる「限定倫理性」の問題を発生させかねない。

行動経済学が明らかにしたもの

2008年秋にリーマンショックが起き、その後の世界経済に深刻な事態をもたらして以降、新古典派と呼ばれる主流派の経済学に対する批判が高まった。

そうしたなか、あらためて注目されたのが、行動経済学である。これは、経済学と心理学を融合させたもので、「合理的な」人間（ホモ・エコノミカス）を仮定する伝統的な経済学と異なり、さまざまなバイアス（認知の偏り）を抱えて、ときに非合理的な意思決定をする人間を仮定する。

2002年にノーベル経済学賞を受賞したダニエル・カーネマンは、代表的な行動経済学者の一人である。彼はもともと心理学者で、ヘブライ大学で同僚のエイモス・トヴェルスキー（すでに死亡していたため、カーネマンとの共同受賞にはならなかった）との共同研究を通じて、人間の心に潜むさまざまなバイアスを明らかにした。それが、「ヒューリスティクス」である。

ヒューリスティクスとは、簡便な問題解決法、すなわち「近道選び」のことである。不確かなことについて判断する際、われわれは、つい面倒な計算や調査、思考をすることなく、「とりあえず」で結論に至ってしまう。

二人はさまざまな行動実験の結果、ヒューリスティクスについて、①わずかな事例、典型的な事例で判断してしまう「代表性の近道選び」、②思い浮かびやすいこと、簡単に手に入る情報で判断する「利用可能性の近道選び」、③その時点ですでにある情報が、本質的なものでなくとも判断に影響を及ぼす「係留効果」という三つのタイプを見出した。このヒューリスティクスに関し、彼らが提起した有名な問題が、「リンダさん」という架空の女性に関するものである。

31歳で独身、社交的で明朗なリンダさんは、学生時代、差別や社会正義に深い関心をもち、反核運動にも参加していた。その彼女の現在について、もっともあり得るものはどれか選べ、という設問を設けた。

結果、そのなかで彼女が銀行の窓口係でフェミニズム運動家であるという選択肢の得点が、単に銀行の窓口係であるという選択肢の得点を上回ったのである。当たり前だが、銀行の窓口係で、かつフェミニズム運動家であることは、単に銀行の窓口係である確率よりも小さい。にもかかわらず、彼女の過去について与えられた情報が、確率に関する基本中の基本を忘れさせるのである。

十分なマーケティング調査を行うことなく、「たまたま」当たって成功した過去の出店や新製品の事例をもとに、大量出店、大量生産を行って失敗するケースでは、ヒューリスティクスが働いている可能性が高い。また、想定外の問い合わせや不具合の発生に対する企業の対応が後手に回るのも、当初の見積もりや数字に対するこだわりを役員たちが捨てられないからだとカーネマンはいう。

人々が陥りやすい罠、バイアスのなかに「フレーミング効果」と呼ばれるものがある。これは、目の前にあるものが置かれた状況や表現の仕方、みせ方（フレーム）が、人々の判断をゆがめてしまう現象である。具体的に取り上げた調査結果では、医者が患者に対して手術に関するインフォームド・コンセント（同意を得るための十分な説明）をする場合、同じ事実の裏表であっても、成功確率（例えば80パーセント）を伝える方が、失敗確率（20

パーセント）を伝えるよりも、同意する可能性が高くなるという。ビジネスの世界でも、これを応用した広告宣伝が一般的に行われている。

もうひとつ、カーネマンらの大きな業績としていわれるのが、損失回避に関するバイアスの存在である。

多くの人間がリスクに回避的であることは以前から知られており、18世紀の数学者のダニエル・ベルヌーイは、人々の賭けに対する選択は、単純な期待値（起こり得る結果に発生確率で重みをつけた加重平均値）ではなく、心理的な価値（満足度、効用）を踏まえた期待値にもとづいて行われるとした（期待効用の理論）。カーネマンらは観察の結果、これを一歩進め、短期的には効用を決めるのは変化であって富の水準ではない、しかも、損失局面と利得局面では効用の変化の度合が異なり、前者の方が傾きは急である（金額の変化に伴う効用の変化が相対的に大きい）とした。

これは、人は痛みを抱えた状態において、何らかの措置によりこれを改善したいという動機が強く働くということを意味する。ギャンブルで負けが込むと掛け金を増やし、「一発逆転」「起死回生」を狙う発想に通じるが、追い込まれたときの軍の指揮官や経営者にもしばしばみられる。太平洋戦争に突入した際、あるいは神風特攻隊をつくった際の日本の指導者がまさにそうである。

カーネマンは、最近、一般読者向けに『ファスト&スロー』（2011年）を書いた。人間の脳の営みが、直感的で迅速な思考＝システム1と、論理的で遅い思考＝システム2の相互作用から成り立つことをベースに、その過程でさまざまな錯覚、落とし穴、過ちが生じることを、具体的な事例で解き明かしている。

限定倫理性とは

ハーバード・ビジネススクールのマックス・ベイザーマンは、経営管理論を専門とするが、そのなかで、サイモンのように意思決定論をとくに重視し、かつ、カーネマンやトヴェルスキーらの成果も取り入れつつ、組織の意思決定におけるバイアスの存在を強調した。

彼は、マネジメントの意思決定に影響を与えるさまざまなバイアスを紹介する『行動意思決定論』（ドン・ムーアとの共著、1990年）のほか、具体的な事件・事故を取り上げ、その原因を探る『予測できた危機をなぜ防げなかったのか?』（マイケル・ワトキンスとの共著、2004年）を著した。

9・11テロ事件やエンロン破たんなどは、明らかに予見可能であったにもかかわらず、リーダーシップの機能不全により予防できなかった事実を明らかにしたうえで、その背景として、認知要因（楽観幻想、自己中心性、将来の軽視、現状維持の傾向、鮮明でないデータへの無関心など）、組織要因、政治要因の三つを取り上げる。

認知要因とは、先のヒューリスティクスという、人間に潜むバイアスのことである。

次の組織要因が働いた例としては、シェル石油のブレント・スパー投棄問題（北海油田の海上プラットフォームの海洋投棄をめぐる、同社とグリーンピースの対立。シェル製品の全欧的不買運動に発展し、企業のCSR〈社会的責任〉が意識される原因のひとつとなった）を取り上げ、組織が予見可能な危機に脆弱になるときには、①内外環境へのスキャンが不十分である、②組織内に散在する情報の統合に失敗している、③キーパーソンが動くためのインセンティブ（誘因。例えば収益や売上げの増加）が働いていない、④過去の教訓に学ばない、といったことが起きていると論じる。いわゆる、縦割り構造の弊害などによるものである。

第三の政治要因とは、例えば、特殊利益団体が新たな社会システムを構築することを妨げるようなケースである。


また、ベイザーマンは、最近、アン・テンブランセルとの共著により『倫理の死角』（２０１１年）を出版した。彼はそのなかで、従来の規範的な倫理学とは一線を画す「行動倫理学」という、新たな概念を用いて、なぜ人や企業が倫理的な行動をしなかったり、気がつかなかったりするのかを明らかにしている。

行動倫理学とは、行動経済学と同様、人間の意思決定に潜むさまざまなバイアスの存在に焦点をあてる。

ベイザーマンらによると、人も企業も、必ずしもつねに倫理上の問題に直面しているとは思わず、結果として、多くのケースにおいて意図しない非倫理的な行動をとる。事前には、倫理的に振る舞おうという意図があるにもかかわらずである。これを彼らは「限定倫理性」と呼び、個々の事例に関するヒアリングのみならず、行動実験によっても確かめた。

意図しない非倫理的な行動をとる理由は、「動機づけられた見落とし」と呼ぶ、別のインセンティブの存在や、自己中心主義、現状維持、楽観的、身びいきといった各種の心理的バイアスによって、ときどきの直感的な判断が日頃の倫理的な判断からゆがめられることにある。また、事後的にそのことに気がついたときも、それを正当化するように、倫理基準や記憶そのものを修正することがある。

組織の場合には、集団思考（グループシンク）や組織文化の問題も絡んでくる。何か問題が明らかになって、なぜあのような行動をしたり、事態を放置したのかと一般の人が思うとき、本人や当該組織が必死にいい訳をし、結果として反省している風がみえないのは、必ずしも自分たちが非倫理的な行動をしているという自覚がないからだという。

こうした「倫理の死角」を防ぐために、ベイザーマンらは、①何か行動する前には熟慮すること、②意思決定の際の動機を、あらかじめ考慮したり予行演習したりすること、③できるだけ情報を開示し、複数の選択肢での検討を行うこと、④第三者の評価を重視すること、⑤組織に内在する「暗黙の価値観」を把握し、それに応じた独自のシステムを導入すること、⑥普段から仕事における時間的プレッシャーを軽減すること、などを提言している。

企業不祥事のなかには、「組織ぐるみ」といわれるものが多くあるが、必ずしも皆が不正に手を染めているとは認識できない、そこに落とし穴がある。

最近、日本であった、冷凍食品の製造過程での農薬混入事件に関する第三者委員会の報告書では、事件の背景として、安全の確保という食品企業としてのミッションの欠如やガバナンスの弱さと、これらが相まって生じたコンプライアンス能力の不足が指摘された。そして、企業の事故発生後の対応の鈍さについて、「社員一人ひとりに積極的な隠ぺいの意図はなく、組織的な防衛や保身に走った形跡も認定するには至らなかった。だが、一人ひとりの無自覚が総体としては消費者への責任感の欠如となり、異臭苦情を受けてから農薬検出までの迂遠な動き、回収の遅れ等へとつながった」とある。

まさに、限定倫理性の問題である。

2　ガバナンスは何のためにあるか

ガバナンス問題の本質

人の心には必ずバイアスが存在する。また、その意思決定の過程にはさまざまな落とし穴がある。組織における意思決定や行動について、こうしたバイアスや落とし穴が生み出す弊害をいかに小さくするか、これがガバナンスにおける真の問題である。

以前、金融機関に対する立ち入り調査（日本銀行では考査という）をやっていて感じたのは、金融機関の経営が打撃をこうむるとき、それが信用リスクの問題（例えば、不良債権）であれ、市場リスクの問題（例えば、有価証券運用の失敗）であれ、オペレーショナルリスクの問題（例えば、システム障害や不正事件）であれ、いずれも、こうしたガバナンスの不備に起因する、ということであった。根は同じであり、どこに顔を出すかで、あるときは不良債権問題となり、あるときは市場での運用失敗となる。

いじめを苦にした生徒の自殺のあと、「一応、（いじめ監視の）体制は整えていた」とする学校関係者のコメントがよく聞かれる。リスク管理の枠組みがあるだけでは不十分であり、それが有効に機能することが重要なのである。その決め手になるのがガバナンスだ。

古来、独裁制は長続きしなかった。それは、いかに有能なリーダーであっても、必ず失敗を招き、しかも、それが、成功故の慢心に起因するからである。ナポレオンの例でもわかるように、成功こそが失敗の源になっている。

そこで人類は、民主制という、手続き的にはやっかいで時間のかかる政治形態を採用している。一見、まわりくどいようだが、長い目でみれば、大きな過ちをおかしにくいという、リスク管理的な発想である。

企業も同じである。株主は株主総会で取締役を選任する。企業規模が大きければ、取締役は複数となり、取締役会を形成する。基本的に、これらのなかにおける意思決定は、多数決で行われるとともに、取締役の業務をチェックするために別途監査役が存在する（監査役設置会社）。最近は、わが国でも、経営と執行の分離を志向する委員会制度が導入され、社外取締役を含む取締役が、経営の執行を監視する（委員会設置会社。2015年施行の改正会社法では、指名委員会等設置会社と鑑査等委員会設置会社）。

下部の組織においては、それぞれの権限、役割が組織規程で細かく定められ、さらに、業務が適正に行われているかどうか、内部監査が実施される。

財務会計については、外部の会計監査人（公認会計士や監査法人）による確認が行われる。

2000年代に入り、エンロンやワールドコムの不正会計事件を受けて、アメリカでサーベンス・オクスリー法（SOX法、企業改革法ともいう）が制定された。その流れは日本にも受け継がれ、会社法や金融商品取引法が制定されるとともに、「内部統制」という新たな概念が導入された。

一方、企業倫理に絡む問題が社会で広く取り沙汰され、各社は、倫理憲章や行動規範を定めている。コンプライアンスをつかさどる部署が設置され、研修では、コンプライアンス研修が必須である。

相互牽制（Check & Balance）を含む、これだけの制度が完備されているにもかかわらず、経営上の意思決定の誤りや不祥事の発生などにより、しばしば企業は危機に瀕する。この事実は、バイアスや落とし穴にもとづかない公正・中立な判断や行動が、いかに難しいかを物語っている。

『遠すぎた橋』

1970年代に『遠すぎた橋』という映画が公開された。

コーネリアス・ライアン（ノルマンディー上陸作戦を描いた映画『史上最大の作戦』の原作者）の著作をもとに、リチャード・アッテンボローが監督を務めた戦争巨編で、第二次世界大戦時の実話をもとにしている。

1944年6月、北フランスのノルマンディーに上陸した連合軍は順調に進撃、8月にパリを奪回したのち、北部ではオランダ領に迫った（9月）。しかし、補給線が延び切ったこともあり、戦線はいったん膠着《こうちゃく》状態となった。

ここで、イギリス軍の指揮官であるモントゴメリー将軍（のち元帥）は、大胆で野心的な作戦（「マーケット・ガーデン作戦」）を提案する。

のちに連合軍最大の失敗と呼ばれることになるこの作戦は、複数の空挺師団をドイツ軍との戦線よりはるか先に降下させ、ドイツ軍占領下にある複数の主要な橋を確保するとともに（マーケット作戦）、地上部隊が機甲部隊を先頭に進撃を開始、これらの橋を通ってオランダ領内を駆け抜け、一気にドイツ国境に迫る（ガーデン作戦）というものであった。これに成功すれば、年内にもドイツを降伏に追い込み、戦争を終結させられるとの期待があった。

結果は、降下時に部隊がばらばらになるといった作戦上のミスに、ドイツ軍の頑強な抵抗もあって、橋や進撃路の確保に手間取り、結局、目標とする最後の橋は奪取できないまま作戦を終了することになった。この間、空挺部隊を中心に多くの死傷者や捕虜を出した。

たしかに、作戦開始時に比べれば、ドイツ軍を後退させ、前線をおし進めることはできたが、兵員や物資の消耗の大きさを考えると、割に合わない作戦となり、その後、連合軍の活動が不活発化する一因となった。

マーケット・ガーデン作戦については、当初から、あまりにも複雑かつデリケートなため、不安視する向きがあった。そもそも空挺部隊は重火器や車両をもたないため、敵の強力な地上軍と遭遇すれば対抗できない。また、天候や風向きによって、予定された地点に全員が無事降下できる保証もない。すなわちこの作戦は、すべての前提条件が整い、すべての活動が「想定どおり」に行われることによってはじめて成り立つものであった。

この無謀ともいうべき作戦を提唱したモントゴメリー将軍には、南部ルートでドイツを目指すアメリカのパットン将軍への強い対抗心があったといわれている。また、これを承認した連合軍総司令官のアイゼンハワーは、ノルマンディー上陸作戦を成功に導いたそのリーダーシップが高く評価されているが、この作戦に限っては、同盟国イギリスへの政治的配慮が働いたとされる。

人には、自分の内部で矛盾する情報が併存する場合、不都合な方を変化させる傾向があるとされる。アメリカの心理学者レオン・フェスティンガーが唱えた、「認知的不協和」である。

慎重に考え抜いたノルマンディー上陸作戦のときと異なるアイゼンハワーの判断にも、政治的配慮の要請からくる楽観主義のバイアスが働いたと思われる。作戦自体を良いものにするかどうかは、こうしたバイアスから逃れ、いかに客観的に判断するかにかかっている。経営戦略も同じである。

一般的に、通常の組織に比べて軍隊のガバナンスは強固であると考えられる。敗北が即、自分たちの消滅につながりかねないからである。しかし、その軍隊ですら、人間の心に潜むバイアスに勝てない。

企業も同様であるが、単に戦略を立てるだけでは不十分で、こうしたバイアスの存在を前提に、その実現可能性について、詳細なうえにも詳細な点検が必要である。組織全体として懐疑的精神を保ち続けること、少なくともこうした精神をもつスタッフの意見が十分に活かされる風土を、時間をかけて築くことが必要になる。

映画の最後で、オランダ国内の教会の高い望楼の上に集まった連合軍幹部が、今後の対応を協議した際、めいめいが作戦失敗の原因について述べた。

「すべてが裏目に出てしまった」

「第4の橋の奪取に手間取った」

「道路が1本しかなかった」
「イギリス本土の霧のせいだ（そのため、増援が遅れた）」
「もともと無理な作戦だった」

そのなかで、最前線に送られ、多くの犠牲者を出しながら撤退した、ジーン・ハックマン演じるポーランド人の降下部隊旅団長は、「今はどうやって残された者を救出するかが問題だ。評価は歴史が下す」といった。

「東芝」問題

最近、東芝の不適切な会計処理が問題となった。

一部インフラ関連の工事進行基準に関わる会計処理が端緒となり、第三者委員会が設置され、その報告書が出された（2015年7月20日）。調査の結果、インフラ関連工事、映像事業、半導体事業、パソコン事業における、工事原価の過小見積もりや工事損失引当金の計上先送り、恣意的な損益調整などが明らかにされた。そして、その原因として、経営トップらの当期利益至上主義とそれにもとづく目標必達のプレッシャー（とくに「チャレンジ」と称する過大な目標設定）、上司の意向に逆らえない企業風土、本社と各カンパニーにおける内部統制の機能不全が、おもに挙げられている。

経営トップによるプレッシャーに負けるとか、上司の意向に逆らえないといった事象を、権威勾配がきつすぎるという。権威勾配とは、もともと航空機のコックピット（操縦室）における機長の発言力の強弱を指す言葉で、これが強すぎて副操縦士やキャビンアテンダントがものをいえない状態であると、フライトがかえって危険であるとする。報告書によると、東芝もそうした状況だったようである。さらに、チャレンジが横行した背景に、各部門における業績の伸び悩みがあったとすれば、まずはその原因をしっかり分析し、そのあとに行動がくるべきであった。前章で触れたルメルトの「カーネル」（良い戦略であるための基本構造）の最初のステップである「診断」である。

また、内部統制に関しては、経理や財務、内部監査、リスクマネジメント、取締役会、監査委員会のいずれもが、この問題に対して健全に機能しなかったことが指摘されている。いずれにしても、日本企業のなかでいちはやく委員会設置会社となり、コーポレートガバナンスにおける先進的な企業とみなされていた東芝の不祥事は、関係者のみならず一般投資家にとっても衝撃であり、ガバナンス問題の重要性、複雑性、困難性を再認識させるものであった。

ちなみに、2015年6月からの、いわゆるコーポレートガバナンス・コードの適用を踏まえて出版された書籍のなかに、「東芝におけるグループ・ガバナンス・内部統制とは」

という項目がある。当時の東芝の取締役監査委員による説明では、最上位にある取締役会とその下にある「コーポレート」（東芝での関係スタッフと役員の総称）が、社内カンパニーや関連会社、海外現地法人などをいかに統制するかが述べられており、社内カンパニーについてはコーポレートが「指示」を出すという、強い統制環境にあることが示されている。そもそもグループ内部統制に関する章なので仕方ないが、取締役会のメンバー、とくに経営トップに関する規律については、いかなる考えだったのだろうか。

前述の報告書で、「内部統制機能は、それを有効に働かせようとする会社のトップマネジメントの意思と関連組織によるサポートがなければ有効に機能し得ない」とある。企業統治を活かすも殺すもトップ次第であることを、東芝問題は示している。

繰り返しになるが、ガバナンス問題の本質とは、冷静かつ合理的な意思決定を阻害する要因、バイアスを、いかに小さくするかという点である。

社外取締役を活用しようというのは、そのための「形」を整える議論のひとつであるが、社外の人間といえども、長くいるうちに馴れが生じたり、身内意識が強まったりする。組織全体としてグループシンク（集団思考）の罠からは容易に逃れられないことに注意する必要がある。

3　リスク管理に魔法の杖はない

リスク管理体制強化の要請

全社的リスク管理（ERM：Enterprise Risk Management）とは、2000年代はじめのアメリカにおける企業不祥事の多発による規制強化の流れを受けて、浸透した概念であり、企業に対して具体的な内部統制の枠組みを提示した「COSO-ERM」により、ほぼ定着をみた（COSOとは、会計や監査に関するアメリカの五つの民間団体から成る組織で、各種のレポート、提言を公表している）。

企業ではそれまで、工場での安全衛生対策、製品の欠陥防止、顧客へのクレーム対応、他社からの訴訟への対応、違法カルテルへの対応、レピュテーションリスク（信用やブランドが傷つくことによって損失をこうむるリスク）にかかる株主やマスコミへの対応、市場運用や資金調達にかかるリスクの管理など、企業が直面するリスクへの対応を、担当部署が個別に行うのが一般的であった（サイロ型リスクマネジメント）。

しかし、ERMでは、これらさまざまなリスクを統合的に管理することにより、効率的かつ漏れのない形でのリスク管理を目指す。それは、全社的な視点を導入することにより、経営の意思決定にリスク管理のアプローチをより反映させ、リスク管理面からも適切な経営資源の配分がなされるようにするものである。

ちなみに、COSO‐ERMでは、目的の第一に「戦略」が掲げられており、「ERMによって経営者は、不確実性とそれに付随するリスクや事業機会に有効に対応でき、そしてそれによって事業体の価値を創造する事業体の能力を向上させることができる」としている。

わが国でも、会社法や金融商品取引法で内部統制にかかる体制構築が義務付けられたことを機に、リスク管理体制の整備が進んだが、より広範に、全社的なリスクマネジメントをめざす企業も増えている。

現在では、日本内部監査協会がERMの普及に努め、大企業を中心にこれを実践する会社が徐々に増えている。とくに金融機関では、監督当局や日本銀行の推奨もあって、信用リスクや市場リスクなどを定量的に把握しながら、リスクの種類に応じて資本を配賦《はいふ》（割り当てること）し、同時に全体としての資本の十分性を確保するという統合的なリスク管理が行われるようになっている。これはそもそも、VaR（バリュー・アト・リスク）という、アメリカの銀行が開発した計量的手法により、リスクの定量的な把握が可能になったことからはじまっている。

しかし、リスク管理で先進的とみられていた欧米の主要銀行は、サブプライム問題やリーマンショックで大きく傷つくことになった。リスク管理について体制＝形を整えるだけでは不十分で、むしろ、リスク管理の本質や原理原則を十分にわきまえ、その徹底を図る方が重要である。

リスク管理に積極的になれない理由とは

企業が求められるリスク管理の体制は、こうして巨大化・複雑化しているが、リスク管理の基本はいつも同じで、非常にシンプルである。「リスクを認識し、対処する」、これだけである。

そこでは、政府も民間も、大企業も中小企業も、企業も個人も、そして時代を超えても変わりはない。その意味で、リスク管理は「フラクタル」である。あとにも取り上げるフラクタルとは、自己相似形の無限連鎖を示す新しい幾何学用語で、上から巨視的にみるものと細部をズームアップしたものとが似ていることである。いわば原発の運転から自動車の運転まで、外国の大手投資銀行から信用金庫まで、冬山登山対策から日常の風邪対策まで、といった具合である。

では、なぜ「防げたはずなのに防げなかった」、というたぐいのリスク管理の失敗がよくあるのか。リスクの源やリスク管理が有効でない原因についてはさまざまあるが、どれも「やる気になれば防げる、あるいはできた」ものばかりである。

リスク管理自体は特別なものではない。にもかかわらず、まだ不十分なことが多いとしたら、それは、リスク管理を行う「インセンティブ」（誘因）がないことに起因している。

ある保険会社のCMにこういうのがあった。保険に入ろうか悩んでいる会社員の前に突然ブラック・スワン（黒鳥）が現れ、「（医療保険なんて）必要ない、必要ない」「病気になったときのことなんて、なってから考えればいいよ！」「な〜んも考えない方が楽なのに」「先のことなんて考えない豪快な男になれよ！」と叫ぶのである。そのとき正義の味方役のスワン（白鳥）が現れ、ブラック・スワンは退散するのだが、続編では、このブラック・スワンが病気をして入院し、保険の必要性をあらためて認識することになる。CMのナレーションでは、「ちゃんと考える人のための新しい保険」とうたう。

現象としての「ブラック・スワン」が意味するものは次章で述べるが、多くの人がリスクに正面から向き合わない理由を端的に説明するものとして、このCMは出色《しゅっしょく》（すぐれている）である。

すなわち、リスク管理のインセンティブがない理由のひとつは、リスクを考えると不安になる、リスクを考えるよりは前向きなことを考えたいという、人間としての自然な欲求にある。

政策でも企業経営でも家庭でも、リスクの話をするより、「こうやれば利便性が高まる」「こうすれば売上げが増える」「こうすれば楽しい」といった話をする方が、気持ちが高まるのは当然である。とくに日本の組織には、「水を差す」「異を唱える」ことがためらわれる雰囲気がある。まさに「場の空気を読め」というわけである。ネガティブな発言に対しては、言霊《ことだま》信仰というか、そういうことをいっていると本当にそうなってしまうぞ、との無言のプレッシャーが加わる。

二つ目は、リスクの非対称性と呼ばれるもので、リスクが現実のものとならず可能性のままで止まったとき、リスク管理が行われたことや、そもそもリスクがあったことすら忘れられやすいという性質のことである。その結果、リスクを管理する行為への評価がどうしても低くなりがちである。

土砂災害や洪水の可能性が高まると、行政から避難勧告が出されるが、かつては、頻繁に出すとかえって警戒感が薄れる、すなわちオオカミ少年になりかねないとして、これをためらう雰囲気があった。その結果、逃げ遅れて被害が発生した事例がある（例えば、2009年の中国・九州北部豪雨で、養護老人ホームが土砂に埋没した事故）。

このため、2014年9月に内閣府は「避難勧告等の判断・伝達マニュアル作成ガイドライン」を全面的に見直し、市町村などへの避難勧告は、「空振り」をおそれずに早めに出すよう、促している。しかし、それでも、2015年9月の台風18号の影響による関東・東北地方の水害で、避難勧告や指示が出たのは水没後、という地域が少なからずあった。

リスク管理に携わっている者にとって最大の悩みは、おそらく、どうやって自分の仕事に対するモチベーションを維持していくかということだろう。

人がリスク管理に積極的になれない理由の三つ目は、リスク管理を行うことはリスクをとらないことであり、リターンも得られないという誤った考え方である。これは、企業経営者によくみられる。

さすがに最近の金融機関経営者にはいないであろうが、以前は考査で、リスク管理を厳格にやっていたら収益があがらない、といわれることがあった。

リスク管理とは、リスクを認識し、どこまでリスクをとるのかとらないのか、どうやってリスクを避けるかを考えることである。仮にリターンを期待するのであれば、リスク管理を行うことがその前提となる。

２０１５年６月、わが国でコーポレートガバナンス・コード（企業統治指針）が発効した。これは、攻めのガバナンスをめざすものといわれる。しかし、本当に攻めと守りを切り分けることが可能であろうか。

攻めと守りを分けるのは、野球の発想である。しかし、サッカーの試合をみてみよう。一見、守りと攻めがあるようだが、それは一瞬にして入れ替わる。相手陣内に攻め込んで点を入れたとしても、それは、過去の守りを含めた一連の流れのなかで起きることだ。フォワードだけでなくディフェンダーが点をとることもよくある。

リスクの多くは、これまで何らかの形で関わってきたものや、それをつくり出してきたものである。企業であれ、個人であれ、攻めを含む行為のひとつひとつがリスクのテイクであり、その後のリスク管理につながり、それが新たなリスクのテイクになっていく。過去と現在と未来は切り離されることがなく、つながっている。そのように考えると、リスク管理とリスクテイクの関係は、野球というよりサッカーに近いものがある。

リスク管理の原則

リスクの管理とは、あくまでリスクのテイクをも含む概念である。

以下、リスク管理を考えるうえでの基本原則について述べる。

第一に、将来のことについては謙虚でなければいけない。科学が発達しても、残念ながら「将来を予測する」ということについて限りがあることは、天候の予測をみてもわかる。ものごとを進めるとき、ここから先は「起こりにくい」「考えにくい」と線引きをし、結果として「想定外」の領域をつくらざるを得ないときもある。しかし、これが直ちに「起こらない」「考える必要がない」ことを意味するものではないことに注意する必要がある。「予測可能な領域」と「予測不可能な領域」の境界は曖昧で、場合によっては人間自身の営みにより変化するという事実に対する認識をしっかりもつ必要がある。まして自然相手の場合、人間の力の限界はよりはっきりした形で示される。

2015年春、箱根の大涌谷の噴火警戒レベルの引き上げにより、神奈川県箱根町の観光産業は打撃を受けたが、町長は「正しくおそれる」という言葉を使って冷静な対応を呼びかけていた。過剰な反応をいましめると同時に、そこに「おそれ」という言葉を使うことで、謙虚さが示されている。

第二に、「気づき」を大切にする必要がある。あらかじめすべてを考慮に入れたり、想定したりはできない以上、「あれっ」「おやっ」といちはやく思う感覚を大事にし、それを活かすことにより、その後の推移を良い方向に変えることができる。「ヒヤリ、ハット」の「気づき」バージョンである。

製品の販売動向や客の入れ込みといった、直接ビジネスに関わる数字の変化はもとより、国際政治・社会情勢の変化も、自らのビジネスにどう影響するのか、そうした意識をもつことが、日々のニュースのなかでの気づきにつながる。

2015年は、日本航空123便の墜落(御巣鷹山)事故から30年目にあたり、事故原因についてあらためて特集が組まれていたが、そのなかで、実は事故にあった機体について、隔壁(耐圧壁)の修理以降、飛行中に微妙な異常を感じるパイロットがいたことが報道されていた。そのことが組織内で共有されなかったことが、事故につながったのだ。

こうした「気づき」の感覚は、「リスク感度」につながる。ハーバード・ビジネス・レビューの論考を集めた『「リスク感度」の高いリーダーが成功を重ねる』(2003年)には、リスク感度の高い組織にするにはどうすべきかが説かれている。そのなかで、南カリフォルニア大学のイアン・ミトロフらは、20年間にわたる「フォーチュン500」各社の危機管理体制について調査し、対象企業を、危機に対して予防的に動く企業と、場当たり的に動く企業に分類した。

まず、数的には、前者の方が圧倒的に少ない。次に、前者が遭遇した危機の平均回数は、後者の場当たり的対処型企業に比べて少ない。また、経営破たんに至りにくく、企業業績も上回っている。コーポレート・レピュテーションも総じて高い。場当たり的対処型企業は危機の影響を予測できると考え、被害額と予防コストを比較する、すなわち費用対効果の考え方からリスク管理を行っていることが、皮肉なことに、より大きな損失を生んでいるとする。

ミトロフらは、構成員のリスクに対する感度を高めるためのさまざまな企業の試みを紹介している。そのなかには、無作為的な抽出で社員にさまざまなリスクを考えさせる方法、危険をもたらす側に立たせるロールプレイング的な手法によるリスクの認識、他業界のリスクを考えさせたうえで自社にフィードバックをさせるやり方、偏見のない外部専門家の活用などが含まれている。

具体的な事例のなかには、恨みを抱いた社員が製品にわざと不良品を混ぜる可能性や、元一流ハッカーが、「企業のなかでもっともハッキングに弱いところは、善良ながら不注意な一般社員である」と述べる話などがある。

これらは、冷凍食品会社で起きた社員による農薬混入事件や、日本年金機構で起きた大量の個人情報流出事件を想起させるが、この書の刊行年（邦訳は2005年）を考えると、本書を材料にこれらの事件を予防するには十分な時間があったことがわかる。

第三は、「木にとらわれず森をみること」、すなわち大局観や広い視野をもつことの重要性である。

細部（木）をみることはもちろん重要であるが、一歩ひいて客観的にみたり考えたりすること（ズームインの反対で、ズームアウトして視野を広くとる）で、不確実性が薄れることがある。

サブプライムローンを組み込んだ証券化商品も、延滞率が増殖的に高まり（相関が高まる）、分散効果が利かなくなる可能性を十分考慮すれば、リスクがもっとみえていたはずである。「木にとらわれる」とは、自社のビジネスに沿った視線や視点をもとにすることでもある。これ自体が、社会心理学でいう確証のバイアス（無意識に自分に都合の良い情報だけを集めて、自分の先入観を補強すること）や自信過剰のバイアス（自分の専門分野に関する能力を過大評価すること）に陥ることを意味する。もっと広く、もっと遠くを含めて、底流にあるものを「虚心坦懐」にみることである。そうすれば、バブルの最中、それに依存したビジネスに染まることはないはずである。

こうして、リスクに常に思いをいたすことが必要である。リスク管理には終わりがなければ、魔法の杖もない。ヘンリー・ミンツバーグが、マネジメントは、アート、サイエンスである以上にクラフト（技、実践の行為）であると述べたこと（第5章）が思い出される。

リスク感度の高い文化をつくる

リスク管理を整然と、持続的に行っていくためには、リスク感度が高い、そうした企業風土、企業文化をつくり上げていくしかない。

リスク管理の専担部署を設置するだけでは、リスク管理が一部の専門家の仕事とされてしまう。そのためには、現場を含めたあらゆる部署で、自らリスクアセスメントを行う体制を整える必要がある。すべての部署が、同じ頻度で、しかも頻繁に行う必要はないが、「自ら」リスクについて考える機会をもつことが何より重要である。そして、普段から自然にリスクについて話をする、そうした雰囲気、空気をつくり出す。

リスクについて考えることは、決して後ろ向きではない。それは、前向きなことであるとの認識を、リスクコミュニケーションを通じて共有するのだ。はじめのうちは、研修や会議の場を通じて、奨励することが必要になるかもしれない。

リスク感度の高い文化をつくることは、トップマネジメントの重要な仕事のひとつである。

第7章 「沈まぬ帝国」はあり得るか

1　ＩＢＭの教訓

エクセレント・カンパニーとしてのＩＢＭ

ＩＢＭほど、経営学やビジネス書で取り上げられることの多い企業も珍しい。１９１１年創業のこの電気機器メーカーの老舗は、第二次世界大戦後、コンピューターの製作を手がけたことから大きく飛躍し、１９６０年代には、メインフレーム市場でほぼ独占的な地位を築いた。

しかし、ダウンサイジングの波に乗り遅れ、メインフレーム中心の同社の業績は急激に悪化、１９９２年度は巨額の赤字を計上し、瀕死の状態といわれるまでになった。

ここで登場したのが、外部から招聘されたルイス・ガースナー（それまでナビスコのＣＥＯ）で、大胆な事業改革により、ＩＢＭをコンピューターがメインの総合サービス事業会社へと変貌させた。これにより業績は回復したが、その後のクラウド（インターネットを利用したコンピューターやサーバーの活用）時代への適応が必ずしも順調ではないとされ、事実、2010年代に入ってふたたび業績は伸び悩んでいる（2015年7～9月期まで、14四半期連続で減収）。

この間、IBMは「巨人」「恐竜」「巨象」などと呼ばれ、それらを飾る言葉（「滅びゆく」「踊る」「迷える」「眠れる」など）とともに、その有為転変《ういてんぺん》ぶりが、経営者、経営学者、ジャーナリスト、コンサルタントらの間で話題となってきた。

マッキンゼー（アメリカに本社を構える、世界的なコンサルタント会社）出身のトム・ピーターズとロバート・ウォータマンによる『エクセレント・カンパニー』が世に出たのは1982年である。アメリカでベストセラーになった同書は、第5章で取り上げたコリンズらの『ビジョナリーカンパニー』の先駆けとなった。

彼らは、徹底的な面談調査と文献調査をもとに、超優良企業と革新的な大企業の成功の秘訣を探ったが、その背後にあったのは、当時ビジネススクールで主流を占めていた、経営を計量的すなわち「合理主義」的に扱おうという考え方が、どこまで正しいのかという問題意識であった。

彼らは、定量的（財務データ）、定性的（名声や業界専門家の評価など）の両面から、超優良企業として62社を選び、当然そのなかにIBMも入っていた。IBMは同書のなかで繰り返し取り上げられ、筆者が数えただけでも、ざっと30ヵ所にも及ぶ（単語の頻度としてはもっと多い）。

調査の結果、超優良企業をもっとも特徴付ける基本的な特質は以下の八つとした。

1　行動の重視——どんどんやれ、というものである。サントリーの創始者である鳥井信治郎の言葉にもある「やってみなはれ」精神である。
2　顧客に密着する——超優良企業は得意先から多くを学ぶ。
3　自主性と企業家精神——社内に大勢の創意ある社員を抱えており、そこには革新的な「チャンピオン」と呼ぶべき人々がいる。
4　人を通じての生産性向上——末端の一般社員を、品質および生産性向上の源泉として扱う。
5　価値観にもとづく実践——組織体がもつべき基本的考え方（フィロソフィー）を何よりも重視する。
6　基軸から離れない——自分たちが熟知している業種にある程度固執する。
7　単純な組織・小さな本社——機構と体制がすっきりと単純である。
8　厳しさと緩やかさの両面を同時にもつ——中央集権と分権、自主性と規律（とくに企業にとって中核的な価値観）の両面を兼ね備えている。

同書のなかで、これらを取り上げた各章のほとんどに、ＩＢＭが登場する。なかでも、2「顧客に密着する」、4「人を通じての生産性向上」、5「価値観にもとづく実践」は、ＩＢＭが存在したからこそ見出された特質といっても過言ではない。

ピーターズらは、2について、ＩＢＭの徹底した顧客への密着とケアぶりを顧客サイドから聞いた話を交え、紹介する。それは、単なる理念や方針ではなく、業績報奨と結びついた毎月の顧客満足度調査や長期間に及ぶトレーニング、取り逃がした顧客に関する「合同敗北会議」など、厳しいシステムによって担保されていた。

4については、「何から語りはじめたらいいのか、わからないくらいたくさんやっている」とし、〝個人を尊重しろ〟との経営哲学、オープンドア（いつでも社長室に入ってよい）、多種多様な福利厚生施設、終身雇用、内部登用の重視、徹底した教育訓練、社員意識調査などを挙げている。

5については、トーマス・ワトソン・ジュニア（父であるトーマス・ワトソン・シニアの後を継いで1956年から71年までＣＥＯを務め、ＩＢＭを巨大コンピューター企業に変身させた）の著書『信念をもて』から、「私たちが信条と呼んでいるもののもつ力、そうした信条が人々に及ぼす影響力こそが、組織体に活力を与えてきたことがわかるはずである。これが私のテーゼである」という言葉を紹介する。

このように『エクセレント・カンパニー』は、ＩＢＭがコンピューター業界の巨人として輝いていた時代の特質を描いている。

一方、『ビジョナリーカンパニー』が出版されたのは１９９４年である。前述のように、ビジョナリーカンパニーとは、単に長続きした成功企業ではなく、未来志向の先見的な、そして世の中で尊敬を集める卓越した企業である。

そのなかで、ビジョナリーカンパニーとしても選ばれたＩＢＭは、比較対象であるバローズ（１８９２年設立の老舗計算機メーカー）にはない大胆な意思と不退転の覚悟で、１９６０年代はじめにコンピューターの世界を席巻する「ＩＢＭ３６０」という機種を、多額の費用をかけて開発したとする。

同書によれば、ＩＢＭは、カルトのような強固な企業文化をもち、社員には、徹底した研修と教育により、自社の信条と独自の価値観を植えつける。そこには一貫したエリート主義が存在するが、これらは決してマイナス要素ではなく、コリンズらは、それこそがビジョナリーカンパニーであるゆえんとした。

実は『ビジョナリーカンパニー』が執筆された当時、ＩＢＭはメインフレーム事業の衰退から巨額の赤字を計上し、ルイス・ガースナーを新任ＣＥＯに迎えたばかりであった。

これについてコリンズらは、足元の苦境は、このカルトのような社風と基本信念へのこだわりのせいではない。むしろ、これらを維持する姿勢が弱まったときに同社は苦境に向かうとして、ビジョナリーカンパニーとしては異例な招聘ＣＥＯ（ちなみに、同書のなかでは、企業に変革をもたらすのに、外部から経営者を招く必要は「まったくない」とされている）が、「ＩＢＭの基本的な理想を維持」しながら、劇的な変化をもたらすことが決定的に必要だと指摘した。

巨象も踊る

その十数年後、コリンズは単独で『ビジョナリーカンパニー３』（２００９年）を出す。これは、『ビジョナリーカンパニー』とその続編『ビジョナリーカンパニー２』で調査した優良企業のうち、その後に衰退した企業を選んで、それがなぜ起こったのかを調べたものである。幸いなことにＩＢＭは、衰退した企業（ヒューレット・パッカード）との対比で、いったん衰退しかけたけれども見事に立ち直った優良企業として登場することになる。

彼は、分散型コンピューティングの普及でメインフレーム事業が危うくなった際、この現実を指摘した若い幹部が、有力な指導者から「君のデータはどこか間違っているはずだ」と叱責されたエピソードを紹介し、ガースナーが登場する直前のＩＢＭは、衰退の第三段階（最終が第五段階）にあったとする。

そして、ガースナーは、ヒューレット・パッカードの招聘ＣＥＯが、いきなり派手なビジョンを掲げて登場したのとは対照的に、「熱心で組織的で一貫した」方法を採用したと述べる。具体的には、経営チームの再構築、ＩＢＭが抱えている問題とその原因についての細かな分析、顧客ニーズの把握とそれに向けた事業転換のアイデア、官僚的な文化から規律の文化への転換、基本的価値観の維持と再活性化などである。

なおコリンズは、いくつかの衰退企業の調査をもとに、『ビジョナリーカンパニー』では、永続する企業は不変の基本的価値観を熱心に信奉するとしたことに対し、この続々編において、自社の価値観は文句なしに正義だとする意識があると、それが衰退の道につながるリスクがあることを認めた。

ガースナーは、２００２年にＩＢＭのＣＥＯを退任するに際して、コリンズが『ビジョナリーカンパニー３』で「素晴らしい著書」と評した『巨象も踊る』を執筆した。コリンズによれば、同書は、単に彼の苦労と努力を詳細に知るだけでなく、情報化や情報技術産業の流れを的確にとらえるうえで有用で、そして何より、ガースナーが考え実行したことや「教訓」と記していることが、そのまま企業経営に携わる者にとっての重要な教えになり得るとした。

『巨象も踊る』のなかで、危機に際しガースナー自身が行ったと書いていることは、

第一に、キャッシュが枯渇するのを防ぐための応急処理（「止血」と表現）として、リストラを含む大規模な経費削減や資産売却に直ちに着手したことである。IBMはレイオフをしないという伝統に完全に別れを告げるとともに、「古いIBM」を体現する報奨制度（部門の業績に連動しない、社員間で差がつかない、手厚い福利厚生など）を見直した。

第二は、事業構造の転換であり、クライアント・サーバー分野に大胆に進出すること、総合的なサービス・プロバイダーであること、そして、既存事業のなかで選択と集中を進め、事業によっては売却すること（アプリケーション・ソフトやデータ・ネットワークなど）である。

第三に、企業文化の変革である。ガースナーは、IBMの企業文化の特徴とされていた価値観や報奨制度、社内の仕事のペース、福利厚生制度などのかなりの部分は、システム「360」でつくられた事業基盤があったからこそ可能であったとした。そのなかで、顧客を含む外部のことに無関心で、内部の縄張り争いに熱心な内向きの世界が形成されたとする。

それは、「長期にわたって外部世界から隔離されてきた熱帯の生態系のようなものであり、そのなかで近親交配を重ねてきた」と表現されている。成功している組織の文化はそれが形成されたときの環境を反映しており、逆に文化が組織の適応能力を制約する極めて大きな障害になるというのが、ガースナーの考えである。

そのため、彼はＩＢＭ社員の意識改革という、時間がかかり、かつ成果が直ちにみえにくい問題にとりかかることになるが（大量にあるＩＢＭ語をやめさせることを含め）、一方で彼は、社員がもともと高い資質をもち、本来、創造的であることも理解した。「ＩＢＭの企業文化には計り知れない力があり、悪い部分をとり除き、良い部分を再活性化すれば、無敵の競争力の源泉になる」とし、絶え間ない自己改革を求めた。

退任に際しての社員向けメールのなかで、「企業文化は正しい方向に向かっている」とし、そこで用いた「巨象は踊れないとは誰にもいわせない」という言葉を引用し、本のタイトルに使用している。

巨象のその後

そして、ガースナー退任後10年が経ち、ふたたび巨象はおかしくなっているとの指摘がある。

IT分野のジャーナリストのロバート・クリンジリーによる『倒れゆく巨象』（2014年）はIBMの将来に対し、かなり悲観的な見方を示している。原題は、『The Decline and Fall of IBM』（IBMの衰亡）で、イギリスの歴史家エドワード・ギボンの『ローマ帝国衰亡史』からヒントを得たとしている。ちなみに、前述の『巨象は踊る』のなかでガースナーは、就任時のIBMを、蛮族の侵入を許さなかった往時のローマ帝国の面影はないと表現している。

クリンジリーの指摘を端的にいえば、IBMの企業体質が変わっていないうえに、ガースナーを含む最近のCEOによる判断や戦略に誤りがあったために、IBMは危機に瀕しているというものである。そして、アップルのような新興企業に太刀打ちできないのではないかと懸念する。

体質という点では、ガースナーがIBMを対応型組織（変化の激しい市場や顧客ニーズに迅速に対応できる組織）に変えるための指針を打ち出したにもかかわらず、90年代を通じてライバル社に比べ、時間とコストがかかる顧客サポートしかできなかったと具体例を示しながら論じる。また、ガースナー在任中の1997年頃からはじまったオフショアリング（インドやブラジルなど、人件費の安い国への業務委託）がサービスの品質向上を妨げたとする。さらに、データ・ネットワーキング部門を社員ごとAT&Tに売却したことは、グローバル・サービスの顧客の業務管理を手放すことになり、IBMのサービスの水準低下を招いたと述べる。

2002年にガースナーを引き継いでCEOに就任したサム・バルサミーノ及び2012年に彼のあとを継いだバージニア・ロメッティは、ガースナーが打ち出した「株主価値を高める戦略」を、より徹底的に推進した。バルサミーノの就任後、株価はうなぎ上りで、新聞や雑誌が彼の業績を高く評価した。

そのバルサミーノがしでかした「暴挙」とクリンジリーが評するのが、2010年にバルサミーノ自身が明らかにした、「IBMは2015年にEPS（一株当たり純利益）20ドルを達成する」との予測である。

これに対し、クリンジリーは、ゼネラル・エレクトリック社（GE）を蘇らせ、ガースナーと並ぶ名経営者といわれるジャック・ウェルチの「株主利益は世界一ばかげた発想だ。株主の利益は結果であって、戦略ではない」という言葉を引用し、5年後の未来予測をするのは賭けとする（ちなみに、2015年第3四半期が終わった時点での、2015年のEPSに関する市場予測は15ドル程度）。

クリンジリーによれば、IBMが2010年に5ヵ年計画を発表したのち、コスト削減のために業務の海外委託が急ピッチで進められ、その結果、離職率が高まり、製品のリリースサイクルが延びた。また、借入金による自社株買いをEPS増加の手段にしたと、カラクリを暴露している。

クリンジリーの指摘がどこまであたっているかは別にして、IBMの物語を知ると、超優良企業であり続けることが、いかに難しいかがよくわかる。

2 レジリエンスとは

レジリエンスの意味

最近、「レジリエンス」という概念が注目を浴びている。その訳として使われる強靭化という用語は、防災・減災の取り組みを柱とする政府の「国土強靭化基本計画」で取り上げられている。

日本語で強靭というと、頑強や頑健に近いイメージを受けるが、英語のレジリエンスやレジリエント（形容詞）は、よりしなやかさをイメージさせるもので、具体的には、ショックに対する継続性や回復力に基礎を置きつつ、土木工学、生態学、システム科学、精神医学、ビジネスなど、さまざまな分野で異なる定義がなされている。

国際的なイノベーターのネットワーク「ポップテック（PopTech）」を率いるアンドリュー・ゾッリは、著書『レジリエンス』（2012年）のなかで、レジリエンスを「システム、企業、個人が極度の状況変化に直面したとき、基本的な目的と健全性を維持する能力」と定義する。

彼は、レジリエンスの必要条件として、二つの点を挙げる。ひとつは、経済システムであれ生態系であれ、突然の変化や決定的な閾値《いきち》（境目）の接近を感知する信頼性の高い「フィードバックのメカニズム」である。いわば「気づき」のシステムである。もうひとつは、重要な資源やプロセスについて、「脱集中化」や「分離」を図ることである。この点は、東日本大震災のあと、自動車に積載するマイクロプロセッサのサプライチェーンが寸断され、自動車生産全体に支障が生じたこと（後述）からも容易に理解できる。

レジリエントであるために必要なこと

ゾッリは、また、「レジリエントの多くの形態は、一定の頻度での適度な失敗を必要としている」とする（彼はこれを「いさぎよく失敗する」と表現）。レジリエントなシステムは決して完璧なものではなく、むしろ、一見完璧なシステムほど脆弱であると指摘する。

「ときとして失敗を伴うダイナミックなシステムはこのうえなく頑強になりうる」ものであり、人生同様、起伏に富み、不完全で非効率だが、それでも生き残るのがレジリエンス、というのが彼の意見だ。

『成長の限界』（１９７２年）のおもな筆者であるドネラ・メドウズ（１９４１～２００１）は、遺作『世界はシステムで動く』（２００８年に生前の原稿を編集・再構成して出版）のなかで、システムがよく機能する際の要素として、まずレジリエンスを挙げている。彼女はレジリエンスを、「静止している」とか「時間が経過しても変わらない」という意味ではないと強調する。

逆に、時間が経過してもまったく変わらないシステムは、レジリエンスを欠いている可能性があり、人は往々にして、安定性や生産性など、より目につきやすいシステムの特性を求めて、レジリエンスを犠牲にしてきたとする（彼女によれば、トヨタ自動車のジャスト・イン・タイム方式は脆弱なものとされている）。企業の破たんなどで、長期間安定していた組織が危機時に意外にもろかったというケースがあるが、変化しない、すなわちダイナミックでなくなった組織では、そういうことが起こり得る。

また、日本でコンサルティング業務などに携わるピーター・ピーダーセンの『レジリエント・カンパニー』（２０１５年）では、レジリエントな企業とは、「耐性や回復力があるだけでなく、事業環境の変化を次なる発展や成長のバネにでき、しなやかさを発揮できる会社、そして、働き手と顧客を魅了し、社会から広く支持、応援される会社」とある。彼がいうように、大きな打撃をこうむる前に自ら変わり続ける企業をつくることが理想形であろう。

歴史上存在した数ある帝国、王朝、国家のなかで、古代ローマほど、歴史研究、文学、映画その他あらゆるジャンルを通じて取り上げられる存在はない。

いかに世界史を不得意とする人でも、シーザー（カエサル）の名前を一度は聞いたことがあるはずだ。ちなみに、SF作家のアイザック・アシモフの代表作『ファウンデーション』は、銀河帝国をローマ帝国に重ね合わせたものであるし、映画『スター・ウォーズ』に出てくる帝国の皇帝や親衛隊は、その服装からイメージするように、ローマ帝国を彷彿《ほうふつ》させる。

王政から共和制、帝政へと変化していくダイナミックな政治体制とそのなかで登場する個性豊かなリーダーたち、重装歩兵主体の強力な軍隊、インフラ整備に関する高度な技術（道路、橋、港湾、通貨、法律、その他）など、古代ローマが長命を保った秘訣は、塩野七生《ななみ》の『ローマ人の物語』でくわしく描かれている。500年にわたって幾多の危機を乗り越え国家として存続したことを考えると、古代ローマは歴史上たぐいまれなるレジリエントな存在であったといえる。

前述の『レジリエント・カンパニー』では、「働き手と顧客を魅了し、社会から広く支持、応援される」ことがレジリエントな企業の要件とされた。ローマが単なる軍事大国にすぎなければ、500年もの長きにわたって帝国を維持できたはずはない。

この点、『ローマ人の物語』の著者である塩野七生は、彼らの特徴として「寛容さ」を強調した。ローマには寛容な精神があったがゆえに、ローマによる世界平和（パクス・ロマーナ）を実現できたとする。それは一度失敗した人材に、もう一度チャンスを与えるという点でも、みられたというのである。そして、その寛容さは、自分の側がもしかしたら間違っているかもしれないという疑いを常に抱く「現実主義」からきているとする。

ゾッリらが挙げた「フィードバックのメカニズム」（組織としての感度のこと）や脱集中化、適度な失敗とそれを活かして変化するしなやかさ、外から支持されるだけの魅力、こうしたことが、国家にせよ企業にせよ、長く続くために必要なことである。

3　テール・リスクに気をつけろ

テール・リスクとは

テール・リスクという言葉がある。めったに起きないけれども起きたときには極めて大きな影響がある事象（テール・イベント）を指す。

金融市場における価格変動リスクは、ベルカーブ（釣鐘型）と呼ばれる正規分布を用いて表現されることが一般的であるが、裾野の端の部分を尻尾にみたてて、テールという。

金融の世界で一般に用いられるVaR（バリュー・アト・リスク）と呼ばれるリスク管理手法は、この分布を用い、端にある一定確率のもとで起こり得る最大損失を推計することによって、運用ポジションの限度を決めたり、自己資本の確保をしたりするものである。

その場合の一定確率とは、99パーセント（通常）や99・9パーセント（慎重を期する場合）であり、すなわち、最大損失（VaR）以上の損失が発生する確率はそれぞれ1パーセント以下、0・1パーセント以下と小さなものとなる。一般にテール・リスクと呼ぶ場合は、これからさらに端の部分を指し、確率は非常に小さいものの、損失は甚大なものと

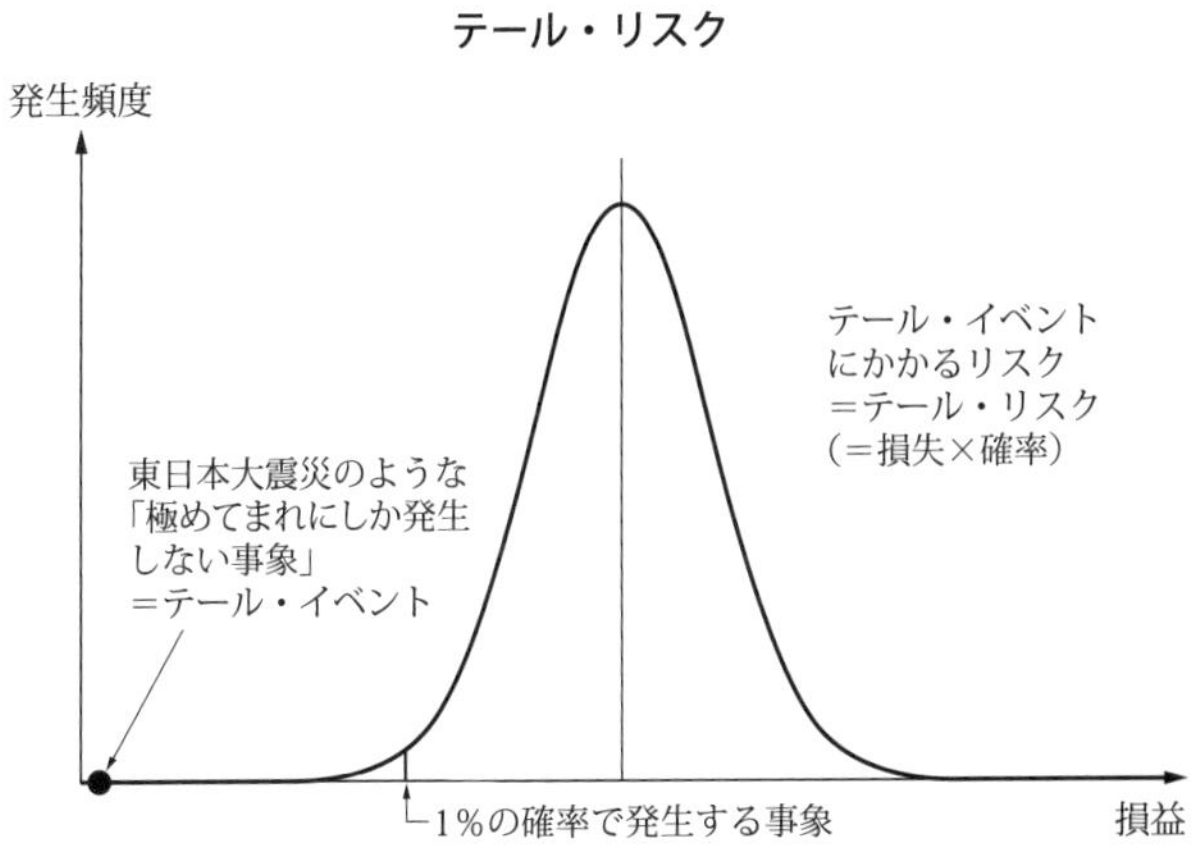

講演「我々はテール・リスクにどのように対応すべきか」より

なる。

このようにテール・リスクと呼ばれる現象は、本来、めったに起きないはずなのに、実際にはしばしば生じる。リーマンショックの際には、確率ゼロに等しいほどの相場変動が起きたといわれた。それはなぜなのか。

VaRは、基本的には過去の一定期間に生じたデータをもとに正規分布を仮定したものであり、そこに情報として十分に反映されないこともあり得る。すなわち、想定外のことも「起こるときには起こる」のである。

近年、こうした想定外の事象を指すものとして、「ブラック・スワン」という表現が用いられるようになった。

トレーダー、評論家、大学教員の肩書をもつナシーム・ニコラス・タレブは、著書『ブラック・スワン』(2007年)のなかで、オーストラリアが発見されるまで、旧世界の人たちはスワン(白鳥)といえばすべて白いものだと信じ込んでいたため、ブラック・スワン(黒鳥)がみつかったときには大きな衝撃が走った、というエピソードを紹介する。そのうえで、普通は起こらないこと、起こったら非常に強い衝撃があること、そしていったん起こると、適当な説明をつけ、予測が可能であったようにいわれること、の三つの特徴を有する事象のことを、ブラック・スワンと呼んだ。

世の中にはブラック・スワンが満ち溢れているというのがタレブの主張である。専門家と呼ばれる人たちは、多くのことを予測が可能だと思い込んでいるが、それは間違いだという。

ちなみに、タレブは統計の専門家でもあり、多くの予測の失敗の背景には、ベルカーブ(正規分布)の存在があるとし、ベルカーブのことを「壮大な知的サギ」とまで呼んでいる。そして、重要な意思決定をするときには、確率よりも影響の方に焦点をあてるべきだとアドバイスする。

多くの人が、実際に起こるまでブラック・スワンの存在に気がつかない背景のひとつには、過去のことを忘れやすい、極端な事象を過小評価するといった、人間の心に潜むバイアスがあるという。わかっていないことをわかったと思う、自信過剰のバイアスがそこで働いている。

複雑系科学

同書のなかで、金融市場における大規模な相場変動の話がいくたびも出てくるが、こうしたいわば「想定外」の事態を理解するうえで参考になるのが、複雑系科学である。

複雑系科学は、「一つ一つは無関係あるいは一定の法則で動いているものが、相互に影響し合うことによって、全体として大きな動きになる、あるいは大きな様相を呈する」事象を扱う科学分野である。1980年代半ばにアメリカのニューメキシコ州で創設されたサンタフェ研究所が、その研究拠点になった。

複雑系科学は、1990年代に世界的に脚光を浴びるようになったが、関連する研究分野あるいは語彙《ごい》としてはさまざまあり、例えば、カオス、非線形科学、自己組織化、ネットワーク理論、システム生物学、フラクタルなどである。その正確な定義は難しく、いまだに意見の一致をみていない。しかし問題は、こうした事象が、自然界や人間社会を問わず、至るところに存在することにある。

このなかで、例えば、カオスとは規則にしたがって発生したにもかかわらず、非常に複雑で不規則な振る舞いをする現象のことであり、有名なのが、バタフライ効果である。1960年代に、アメリカの気象天文学者のエドワード・ローレンツがコンピューターを用いて数日先の天候を予想しようとしたとき、ほんのわずかな初期条件の設定の違いで結果が大きく異なることを発見した。このことはのちに、ブラジルの蝶の羽ばたきが、やがてテキサス（あるいはカンザス）の嵐につながる可能性に喩えられ、有名になった（例示の仕方はいくつもあり、インドまたは北京の蝶の羽ばたきがニューヨークで嵐を呼ぶという場合もある）。

ローレンツが行おうとした気象の予測は、データの蓄積と観測技術の発達及びコンピューターの性能向上により、当時と比べて格段に精度を増したが、それでも予測できないことが多い。地球温暖化の影響なのか、最近は、「ゲリラ豪雨」「バックビルディング現象」「スーパーセル」「ホワイトアウト」「線状降水帯」といった、以前は耳にしなかった気象用語が続々と使われるようになっている。

また、フラクタルとは、自己相似系の無限連鎖のことで、フランス系アメリカ人の数学者（経済学者、自然科学者でもある）ブノワ・マンデルブロが提唱した幾何学概念である。

フラクタルの典型的な例は、海岸線や山並みだといわれる。飛行機の窓から海岸線や山並みを眺めると、数多くのギザギザの形状が確認できるが、低空になると規模は小さいながら同じような形状がみられ、さらに地上にいて至近距離でみても、極小のサイズで似たような形状がみられる。樹木の様相や、植物の葉の葉脈もそうである。

フラクタルは金融市場における変動率にも同じようにみられる。こうしたフラクタルが意味することは、ある部分を切り取ってみても、そのサイズが想像できないということである。地震や豪雨でいえば、（最近の観測データをもとにすれば）それが数十年に一度の規模であるとしても、それをはるかに上回る規模のものが明日起きないという保証はないということである。

フラクタル図形

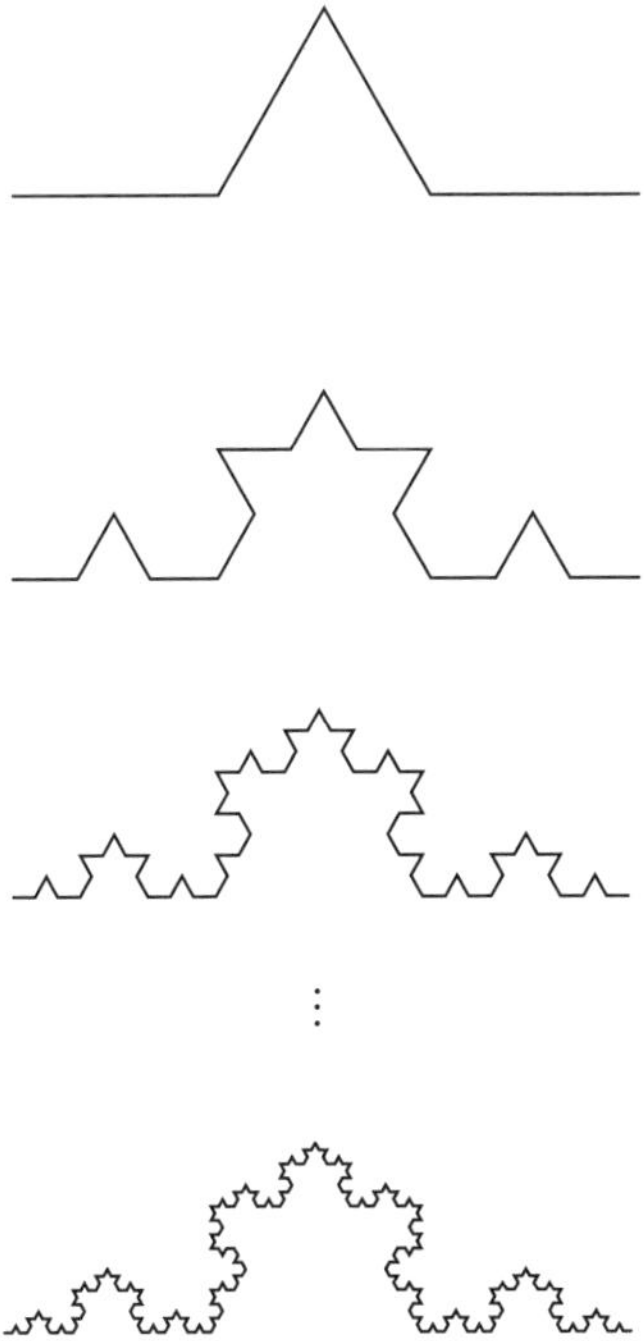

『ガイドツアー複雑系の世界』より

こうしたフリースケール性（固有のスケールをもたない）は、リンクによって互いに結びつけられたノードの集まりである、「ネットワーク」でもみられる。ノードとは、ネットワークのなかの個体（例えば、ニューロン、ウエブサイト、個人、空港、発電所）であり、リンクは個体間を結ぶつながり（例えば、シナプス、ハイパーリンク、社会関係、航空路線図、電力網）に対応する。

フラクタルの図（前ページの図参照）のなかの、例えばギザギザの数や、ネットワークにおけるノードの数は、スケールの大きさによって増減するが、その際、一定の乗数に比例する。いわゆる「べき乗則」とか「べき乗分布」と呼ばれるものである。一般に、べき乗則やべき乗分布はX^dという形で表示される。

すなわち、発電所の数（X）が2倍になれば高圧線の数は2^d乗倍になり（この場合dはプラス）、地震の規模（X）が2倍になれば頻度は2^d乗分の1になる（この場合dはマイナス）、といった具合である。事象の規模と頻度の関係がフラクタル構造をもつといい換えることもできる。こうした分布が「正規分布」とかけ離れたものであることはいうまでもない。

だとすれば、リスク管理のうえで安易にベルカーブに頼っていると、「想定外」「ブラック・スワン」と表現したくなる損失をこうむることになる。

では、金融危機やそれをもたらす金融市場の大変動は、本当に予見不可能なものなのだろうか。

金融危機は避けられたか

2009年1月、アメリカのチェイニー副大統領（当時）は退任にあたってインタビューに答え、2008年の金融危機は9・11同時多発テロに似ていると述べ、どうにもならなかったとの認識を示した。

しかし、ニューヨーク大学のヌリエル・ルービニ教授は、2006年秋のIMF総会講演で、「アメリカ経済は住宅バブルの破裂を契機に極めて深刻な不況に陥る」と警告した。さらに、サブプライム問題が表面化したものの、楽観的な気分が抜け切れなかった2008年はじめ（リーマンショックは同年9月）に「深刻な金融危機が発生し、ウォール街は1930年代以来の打撃をこうむる」と予言した。

日本のバブル経済の例を持ち出すまでもなく、17世紀オランダのチューリップバブル（チューリップの球根が投機対象となり、球根1個に対し家1軒の価格までついた）や18世紀イギリスの南海泡沫事件（イギリス政府から南米などでの独占的貿易権が与えられた「南海会社」や便乗して設立された会社の株価が急騰した）など、人類の歴史において、バブルの生成と崩壊は過去何回も繰り返されている。これに対し、多くの学者が、「金融危機は何度も蘇る多年草」（チャールズ・キンドルバーガー）、「市場での神話と金融レバレッジの形成が揃えばバブル」（ジョン・ケネス・ガルブレイス）、「多くの投資家はただ乗りしているだけ」（ロバート・シラー）と、似たような考察を示している。

2011年、アメリカ政府の金融危機調査委員会は、今回の金融危機（リーマンショック）について議会宛最終報告書をまとめた。そこでは、こう記されている。

「委員会としては、今回の危機は避けることができたと結論づける。すなわち、人の行為や不作為、判断ミスによって引き起こされた。そして警告は無視された。最大の悲劇は、誰もこのことを予想できなかった、したがって何も手は打てなかったという決まり文句を受け入れることであろう。もしわれわれがこの認識を受け入れるなら、危機はまた起きる」

ネットワーク化のリスク

金融システムが代表的なネットワーク構造であることは周知の事実だが、企業の取引構造がネットワークとして理解されるのは、往々にしてそれが切断されたときである。

２０１１年3月に発生した東日本大震災では、多くの企業や工場が被災したが、なかでも、自動車積載用のマイコンを製造していたルネサスエレクトロニクスの那珂工場が被害を受けた結果、自動車メーカー各社の生産に少なからぬ影響があった（同社の世界シェアは約4割）。

また、同じ２０１１年秋に起きたタイでの大洪水は、ハードディスク・ドライブをはじめ、広範囲にわたる業種の生産ストップから、タイ国内だけでなくグローバルな企業活動に影響を与えた。いわゆるサプライチェーン・マネジメントの問題である。

実は、同様の障害が比較的早期に復旧された事例が、１９９７年2月に起きている。愛知県のアイシン精機の工場火災である。トヨタ自動車向けブレーキ部品の唯一のサプライヤーであった同社の火災により、トヨタ自動車とそのグループ企業の生産が完全にストップした。しかし、２００を超える企業の協調行動により、3日後にはその部品の生産が再開され、2週間後には自動車の生産台数は事故前の水準に戻ったという。

復旧に向けた協調行動に参加した企業は、それまでにもアイシン精機と人材や技術情報を交換したことがあり、すでに構築されていた「絆」が、情報の移転のみならず、生産資源の確保を容易にしたのだ。また、トヨタグループとしての意識やトヨタ生産方式に関する共通理解が、自己組織化現象をもたらした。

このエピソードは、複雑系科学のネットワーク理論で知られる社会学者ダンカン・ワッツの著書『スモールワールド・ネットワーク』（2003年）でくわしく取り上げられている。ワッツはこの危機を通じて、ネットワークがもつリスクだけでなく、「セルフヒーリング」（自力治癒）の能力を見出している。

最近、インターネットと、コンピューターなどの情報・通信機器以外のさまざまなモノを接続し、リアルタイムでモノに関する情報の収集やその管理を行う技術が開発されている（いわゆる、IoT＝Internet of Things）。生産や生活に関わる効率性を飛躍的に高めるものとして注目されているが、一方でネットワーク化に伴うリスクとそれへの対応も、当然考えておく必要がある。

このような、頻度は極めて小さいが、いったん発生すると甚大な影響が生じるテール・リスクに対して、企業はいかにして備えるべきか。

テール・リスクへの備え

2011年6月、日本銀行総裁（当時）の白川方明《まさあき》は、オランダ外国銀行協会年次総会において、「我々はテール・リスクにどのように対応すべきか」と題する講演を行っている（日本銀行ホームページに所収）。

この講演では、東日本大震災やリーマンショックの経験をもとに、サプライチェーンの障害に対しては、ショックに対する耐久力を考えた適正な在庫水準の確保や、調達における集中リスクについての注意喚起をしている。

また、金融ショックに対しては、十分な自己資本や流動性の保有、ストレステストの活用、リスク・エクスポージャー（資産・負債のうち価格変動などのリスクにさらされている部分）の集中回避、安定的な業務継続体制の確保、金融商品を活用した自然災害の国際的なリスク・シェアリングなどを求めている。このように、事前・事後、単独・協働など、さまざまな視点が求められるのが、テール・リスクへの備えである。

サプライチェーンに関するリスク管理については、マサチューセッツ工科大学のデイヴィッド・スミチレビらが極めて面白い提案をしている（『DIAMONDハーバード・ビジネス・レビュー』2014年10月号に所収）。

一般にリスクは、発生確率（Probability）とその影響度（Severity）の掛け算で推定されるが、そもそも大震災のようなめったに起こらない事象については過去のデータが少なく、定量化が難しい。結果として十分な備えがなく、大きな損失をこうむることになる。

スミチレビらが開発したモデルは、サプライチェーンに混乱をもたらす諸要因の確率ではなく、もっぱらサプライチェーンの結節点で障害が生じた際の影響度に着目する。影響度は、復旧所要時間（アンケート調査や過去の経験則をもとに判定）と、それに関する業績への影響度をもとに指数化して相対評価する。

そのうえで、復旧所要時間を変えたりしてさまざまなシミュレーションを行う。このモデルの利点は、めったに起こらない事象を予測する必要がなく、隠れたリスクを洗い出せる（結節点との取引金額の多寡と指数の大小は必ずしもつながらない）ことにあるとする。

こうして、サプライチェーンの脆弱性を確認したうえで、在庫の積み増し、複数のサプライヤーの確保、製品設計や生産プロセスの柔軟性の確保などを行うことにより、テール・リスクの管理につなげることができる。

一方、タレブは『ブラック・スワン』のなかで、ボラティリティ（分散）とテール・リスクの間のトレードオフを指摘している。一見、安定した仕事や業界には、大きな損失をこうむる可能性（テール・リスク）があるというのだ。これに関して彼は、試行錯誤や、何度も小さな失敗を繰り返すことの大切さを強調する。

その点、アメリカ文化は失敗に寛容で、ヨーロッパやアジア文化とも異なるとし、イノベーションがアメリカで行われやすいことを説明する。株式市場でいえば、投機的なベンチャー企業より、「安全」とされる優良株にむしろ不安を感じ、後者こそみえないリスクの代表とする。

こうなると、リスク・エクスポージャーの集中回避とは、単に、誰もがリスクがあると思うことへのエクスポージャーを、耐えられる一定限度に抑えるということではない。隠れたテール・リスクに十分な思いをいたし、それに備えることが重要になる。

老後の備えとして安全性と安定性を考慮し、退職金の多くを日本航空や東京電力の株式に投資した人たちは、このことを実感しているであろう。

前述の白川前日銀総裁の講演の結びには、震災にしても金融ショックにしても、実際に起こったことに対する学びの重要性が説かれている。

複雑系科学の立場からは、過去に起こったことは偶然の産物であることが多く、過去をもとに未来を予測することなどできないとする（タレブの『ブラック・スワン』を含む、多くの著作がこの点に言及している。例えば、マーク・ブキャナンの『歴史は「べき乗則」で動く』〈2000年〉）。

たしかに、リスク管理の原則で述べたように、将来のことについてわれわれは謙虚であるべきだが、それは、「想定」や「思い込み」にとらわれることがないようにという意味であり、過去に学ばないということではない。

過去に学ぶことにより、「気づき」の機会をいちはやく手に入れることができ、それによりリスクを抑えることができる。そして何より、現時点の成功や安心、安定に慢心することを避けなければいけない。

企業経営において、ブラック・スワンは外部に存在するのではなく、人や企業の内部に潜むものであり、往々にしてそれは「慢心」を餌に育つものである。経営にとって、真のブラック・スワンはこの世にいないと思った方がよさそうである。

終章　「リスク時代」の経営とは

本書では、古典を含む経営学やビジネスに関するさまざまな書を取り上げ、リスクをキーワードに、それらの内容や含意を紹介した。

そこでの共通点は、企業が置かれた状況（外部・内部ともに）に応じた適切な戦略を構築する必要性であり、それを構築しないことに伴うリスクである。そして、戦略とそれに伴う経営が柔軟であることの必要性であり、それが失われたときのリスクである。

「永遠のエクセレント・カンパニー」など存在しない。古代ローマが幾多の試練を乗り越えて長寿を保つレジリエントな存在であったように、企業は状況変化に柔軟に対応しつつ、ダメージを最小限度にとどめ、長く生き続けるしかない。その際に求められるのは、状況に対するできるだけ正しい理解（リスク認識）と、具体的な行動、及び、その結果としての変革である（リスクへの対応）。

では、具体的にどのようにして状況認識を進めていくのか。ここで筆者は徹底した「Why」と「if」の活用を勧める。

トヨタ自動車の副社長だった大野耐一による『トヨタ生産方式』（1978年）は、生産管理に関する名著とされている。そのなかで、具体的なトヨタ生産方式の展開の話の冒頭に出てくるのが、「なぜ」を5回繰り返すことができるか、という項目である。

例えば、機械が動かなくなったと仮定し、それが、「オーバーロードがかかって、ヒューズが切れた」からだとしたら、「なぜオーバーロードがかかったのか」、そういう問いを繰り返すことによって、「ストレーナー（濾過器）がついていないので、切粉が入った」という、トラブルの本当の原因にたどり着き、ストレーナーを取りつけるという対策を講じることによって再発を防止するという話である。

「売上げが想定に達していない」というのであれば、その原因を根本に近いところまで徹底して探る。こうした姿勢が、現状を正しく認識するうえで必要である。

次に、将来のことについてであるが、文字どおり、未来のことは誰にもわからないし、最近はとくに不確実性が高まっているといわれる。こうした不確実性下の意思決定のためのフレームワークとしてかねて注目されているのが、シナリオ・プランニングである。

シナリオ・プランニング（シナリオの作成とそれぞれのシナリオについての最適戦略の策定）は、特定の予測をもとにした事業管理ではなく、複数のシナリオをもとにより柔軟な思考、対応を確保しようというものである。本来軍事的なものであったが、ロイヤル・ダッチ・シェルが企業経営で本格的に採用し、これにより石油危機をうまく乗り切ったとして、一躍有名になった。

長らく同社でシナリオ・プランニングに従事した、キース・ヴァン・デル・ハイデンの

『シナリオ・プランニング』（1996年）では、単なる確率で未来を考えるのではなく、「未来の姿とそれがなぜ起こるのかを突きつめて考える」ことによって、「より直観的に社会の構造的な変化を理解できるようになるとともに、より迅速に意思決定を下すことができるようになる」とする。未来を考えるということは、ifを繰り返すということだが、やはりここでも、Whyを繰り返すことになる。

現在、日本の電機メーカーでシャープや東芝が危機に陥っているが、かつてそれぞれが主力部門として選択した事業（液晶や原子力）の将来について、どのようなシナリオを描いていたのであろうか。「悪い」や「最悪」なケースとそのもとでの対応について十分プランニングしていれば、異なる対応があったかもしれない。

本書で紹介したように、一見、成功に向かっているようにみえても、そこには落とし穴がある（例えば、クレイトン・クリステンセンは、イノベーションの観点からこれを取り上げた）。戦略コンサルタントのマイケル・E・レイナーがいう『戦略のパラドックス』（2007年）とは、不確定要素が多いなかで、成功に向けて企業が選択した戦略にコミットすること自体がリスクを生むというものであり、その戦略的コミットメント（結果としての資源の集中投入など）は、成功の確率を高めると同時に、大失敗の確率も高めるという矛盾である。これは、ファイナンスの世界でいう、ハイリスク・ハイリターンの原則にかならものでもある。

このパラドックスを解くためにレイナーが強調するのが、戦略的柔軟性（もしくは戦略的不確実性のマネジメント）という概念である。それは、シナリオ・プランニングとリアルオプションから成るが、単なる寄せ集めではない。彼は、好業績を持続するジョンソン&ジョンソン（アメリカの製薬、医療機器などヘルスケア関連製品メーカー）での例を挙げて、各事業部門にはハイリスク・ハイリターン戦略を実行させせつつ、本部が、オプションのポートフォリオ管理を通じ、「積極的にリスク管理を行う」ことによって、企業を取り巻く不確定要素の変化スピードに対する適応能力を高めたとする。

日本でも、社内カンパニー制度を採用する企業が増えているが（例えば、東芝、最近ではシャープ）、それが単なる独立採算制による利益確保のためではなく、こうした全体としての戦略リスクの管理を志向するものであることを期待したい。

今は、「リスクの時代」である。将来のことも不確実性に満ち溢れており、およそ「予測」に耐え得るとはいえない。そういうなかで大事なのは、できるだけ公正（フェア）に「状況」を認識することである。自社の状況、自社を取り巻く環境、時代の流れ、これらをできるだけバイアスがかかっていない形でとらえることであり、すべての行動はそこからはじまる。いくら戦略を考えたところで、レンズがくもったりゆがんでいたりしては、意味がない。リスク管理もまた同様である。企業の失敗の多くは事実から目を背けることに起因する。

企業活動の成果は、多くの場合、「偶然」や「たまたま」にも左右される。たとえ結果が悪くとも、フェアな目をもとに行動したものであれば、信頼を失うことはない。

「虚心坦懐」という言葉がある。何のわだかまりもなく、何かにとらわれることなく物事に臨むさまである。リスクの所在についても虚心坦懐でいることにより、テール・リスクといわれているもの（例えば、金融危機）ですら、事前にみえるときがある。ガウガメラや桶狭間におけるアレクサンドロス大王や信長も、虚心坦懐に状況をみていたが故に勝機をつかむことができた。

不祥事のたびに問題とされるコーポレートガバナンスも、つまるところ、いかに虚心坦懐に経営をみる目を確保するかという問題である。虚心坦懐はリスク管理の前提であり、「リスクを制する者はビジネスを制す」。われわれはそういう時代に生きている。

あとがき

かつて日本銀行で、金融機関のリスク管理を点検する仕事に就いていた関係で、すっかりリスクに関するオタクとなり、退職後にリスクマネジメントに関する書籍を何冊か執筆してきた。そして、それを読んだ平凡社の和田康成氏から、リスクに関係するビジネス書を1冊、との依頼がきてから早くも1年以上が経つ。

その間、内容について呻吟《しんぎん》するうちに浮かんだアイデアが、経営学（経営戦略）をリスクで読み解くというものだった。今は大学で、経営・ビジネス関連科目を担当しているが、そのなかで、一見、経営戦略論であっても、これはリスクを扱っているのではないかと思うことが多かったからである。

結果として生まれた本書の、経営学とリスクマネジメントと歴史の三重構造の評価については読者におまかせするとして、リスクマネジメントが組織のなかの一部専門家の仕事ではなく経営戦略と一体のもの、というメッセージは何とか伝わったのではないかと思う。

先日、あるコンサルティング会社の社長の話を聞く機会があった。

出身は大手外資系コンサルティング会社という人物で、多くの企業再生案件を手がけ、今は、地方再生にも関与しているという。そのなかで氏は、外資系の出身にもかかわらず（むしろ出身だから）、アメリカを中心に発展してきた今の経営学の理論やフレームワークは、日本には当てはまらない（その根拠として、聖徳太子の十七条憲法の話も出た）、企業は多額のコンサルタント料を無駄に払っていると述べていた。だとすれば、本書の内容もかなりの部分が無駄となってしまうのか……。

経営学で学んだことがそのままビジネスの世界で通用する、と考えるお人好しは、ビジネス界、学界を問わず、アメリカにも、日本にも一人もいないと思う（本書の第5章で引用したミンツバーグは、『MBAが会社を滅ぼす』という有名な書まで出している）。

それは、経済学で学ぶことが、そのまま経済政策の役には立たないことと同じである。そもそも、どの経営者・企業も同じ教科書どおりの戦略をとれば、競争優位の機会などなくなってしまう。

しかし、経営学の書で書かれている、いくばくかの真実、体系立ったものの考え方、そこで取り上げられる多数の事例は、ビジネス社会に必要な「直観」を養うのに必須のものと考えられるし、筆者もそう信じている。

本書のなかで、数々の名著と呼ばれてきた経営学に関する書籍を紹介してきたが、できれば、そのうちの1冊でも、読み通してほしいと願っている。なかには、図書館でしかお目にかかれない本もあるが、経験に裏打ちされた価値あるものばかりだからである。

最後となるが、忍耐強く本書の出版まで面倒をみていただいた平凡社新書編集部の和田康成氏、多数の図書を読了するのをお手伝いいただいた、大分県立芸術文化短期大学の図書館スタッフに、厚く御礼を申し上げる。

また、長年にわたって職場をともにした日本銀行の方々、とくに、中央銀行の仕事とは、結局のところリスクマネジメントである（マクロ経済政策としても、信用秩序維持政策としても）ことを気づかせてくれた、白川方明前総裁にあらためて感謝を申し上げたい。

2016年1月

植村修一

参考文献

はじめに

『危険社会——新しい近代への道』（ウルリッヒ・ベック著、東廉・伊藤美登里訳、法政大学出版局）

第1章

『新訂 競争の戦略』（マイケル・E・ポーター著、土岐まもる・中辻萬治・服部照夫訳、ダイヤモンド社）

『ランチェスター戦略の基本がわかる本』（ランチェスター戦略研究会著、ビジネス社）

『「決戦」の世界史——歴史を動かした50の戦い』（ジェフリー・リーガン著、森本哲郎監修、原書房）第3章も同じ

『競争優位の終焉——市場の変化に合わせて、戦略を動かし続ける』（リタ・マグレイス著、鬼澤忍訳、日本経済新聞出版社）

第2章

『コア・コンピタンス経営——大競争時代を勝ち抜く戦略』（G・ハメル&C・K・プラハラード著、一條和生訳、日本経済新聞社）

『企業戦略論——競争優位の構築と持続（上）』（ジェイ・B・バーニー著、岡田正大訳、ダイヤモンド社）

『ブルー・オーシャン戦略――競争のない世界を創造する』（W・チャン・キム＆レネ・モボルニュ著、有賀裕子訳、ダイヤモンド社）

第3章

『増補改訂版 イノベーションのジレンマ――技術革新が巨大企業を滅ぼすとき』（クレイトン・M・クリステンセン著、玉田俊平太監修、伊豆原弓訳、翔泳社）
『日本型モノづくりの敗北――零戦・半導体・テレビ』（湯之上隆著、文春新書）
『リバース・イノベーション――新興国の名もない企業が世界市場を支配するとき』（ビジャイ・ゴビンダラジャン＆クリス・トリンブル著、渡部典子訳、ダイヤモンド社）
『OPEN INNOVATION――ハーバード流イノベーション戦略のすべて』（ヘンリー・チェスブロウ著、大前恵一朗訳、産業能率大学出版部）

第4章

『企業戦略論』（H・I・アンゾフ著、広田寿亮訳、産業能率短期大学出版部）
『企業戦略論――競争優位の構築と持続（中）』（ジェイ・B・バーニー著、岡田正大訳、ダイヤモンド社）
『コーペティション経営――ゲーム論がビジネスを変える』（B・J・ネイルバフ＆A・M・ブランデンバーガー著、嶋津祐一・東田啓作訳、日本経済新聞社）

第5章

『マネジャーの実像――「管理職」はなぜ仕事に追われているのか』（ヘンリー・ミンツバーグ著、池村千秋訳、日経BP社）
『ビジョナリーカンパニー――時代を超える生存の原則』（ジェームズ・C・コリンズ&ジェリー・I・ポラス著、山岡洋一訳、日経BP出版センター）
『良い戦略、悪い戦略』（リチャード・P・ルメルト著、村井章子訳、日本経済新聞出版社）

第6章

『経営行動』（ハーバート・A・サイモン著、松田武彦・高柳暁・二村敏子訳、ダイヤモンド社）
『ファスト&スロー――あなたの意思はどのように決まるか（上・下）』（ダニエル・カーネマン著、村井章子訳、早川書房）
『行動意思決定論――バイアスの罠』（マックス・H・ベイザーマン&D・A・ムーア著、長瀬勝彦訳、白桃書房）
『予測できた危機をなぜ防げなかったのか？――組織・リーダーが克服すべき3つの障壁』（マックス・H・ベイザーマン&マイケル・D・ワトキンス著、奥村哲史訳、東洋経済新報社）
『倫理の死角――なぜ人と企業は判断を誤るのか』（マックス・H・ベイザーマン&アン・E・テンブランセル著、NTT出版）
『「リスク感度」の高いリーダーが成功を重ねる』（DIAMONDハーバード・ビジネス・レビュー編集部編・訳、ダイヤモンド社）

第7章

『エクセレント・カンパニー』(トム・ピーターズ&ロバート・ウォータマン著、大前研一郎訳、英治出版)
『ビジョナリーカンパニー3――衰退の五段階』(ジェームズ・C・コリンズ著、山岡洋一訳、日経BP社)
『巨象も踊る』(ルイス・ガースナー著、山岡洋一・高遠裕子訳、日本経済新聞社)
『倒れゆく巨象』(ロバート・クリンジリー著、夏井幸子訳、祥伝社)
『レジリエンス 復活力――あらゆるシステムの破綻と回復を分けるものは何か』(アンドリュー・ゾッリ&アン・マリー・ヒーリー著、須川綾子訳、ダイヤモンド社)
『世界はシステムで動く――いま起きていることの本質をつかむ考え方』(ドネラ・H・メドウズ著、枝廣淳子訳、英治出版)
『レジリエント・カンパニー――なぜあの企業は時代を超えて勝ち残ったのか』(ピーター・D・ピーダーセン著、新将命解説、東洋経済新報社)
『塩野七生『ローマ人の物語』スペシャル・ガイドブック』(新潮社出版企画部編、新潮社)
『ブラック・スワン――不確実性とリスクの本質(上・下)』(ナシーム・ニコラス・タレブ著、望月衛訳、ダイヤモンド社)
『ガイドツアー複雑系の世界――サンタフェ研究所講義ノートから』(メラニー・ミッチェル著、高橋洋訳、紀伊國屋書店)
『スモールワールド・ネットワーク――世界を知るための新科学的思考法』(ダンカン・ワッツ著、辻竜平・友知政樹訳、阪急コミュニケーションズ)

「我々はテール・リスクにどのように対応すべきか」オランダ外国銀行協会年次総会における講演（白川方明、日本銀行ホームページ）
「リスクは発生確率ではなく復旧時間で管理する」（デイビッド・スミチレビ&ウィリアム・シュミット&イーファ・ウェイ著、『DIAMONDハーバード・ビジネス・レビュー』2014年10月号）
『歴史は「べき乗則」で動く――種の絶滅から戦争までを読み解く複雑系科学』（マーク・ブキャナン著、水谷淳訳、ハヤカワ文庫）

終章

『トヨタ生産方式――脱規模の経営をめざして』（大野耐一著、ダイヤモンド社）
『シナリオ・プランニング――戦略的思考と意思決定』（キース・ヴァン・デル・ハイデン著、西村行功訳、ダイヤモンド社）
『戦略のパラドックス』（マイケル・E・レイナー著、櫻井祐子訳、翔泳社）

【著者】
植村修一（うえむら しゅういち）
1956年福岡県生まれ。東京大学法学部卒業後、日本銀行入行。調査統計局経済調査課長、大分支店長、金融機構局審議役などを経て退職。民間会社や独立行政法人経済産業研究所に勤務ののち、2013年より、大分県立芸術文化短期大学国際総合学科教授となる。おもな著書に『リスク、不確実性、そして想定外』『リスクとの遭遇』『不祥事は、誰が起こすのか』（いずれも日経プレミアシリーズ）がある。

平凡社新書８０４

リスク時代の経営学

発行日——2016年２月14日　初版第１刷

著者——植村修一

発行者——西田裕一

発行所——株式会社平凡社
東京都千代田区神田神保町3-29　〒101-0051
電話　東京（03）3230-6580［編集］
　　　東京（03）3230-6572［営業］
振替　00180-0-29639

印刷・製本—株式会社東京印書館

装幀——菊地信義

ISBN978-4-582-85804-4
NDC 分類番号336　新書判（17.2cm）　総ページ240
平凡社ホームページ　http://www.heibonsha.co.jp/

平凡社新書　好評既刊！

326
BRICs　新興する大国と日本
門倉貴史
BRICs（ブラジル、ロシア、インド、中国）の実力と展望を徹底解説。

339
経済指標はこう読む　わかる・使える45項
永濱利廣
経済の実態と動きを知るのに欠かせない指標を厳選し丁寧に解説。投資家必携。

384
民営化で誰が得をするのか　国際比較で考える
石井陽一
八〇年代後半以降、世界で行われた民営化に照らし、日本の民営化を検証する。

390
会社法はこれでいいのか
浜辺陽一郎
いかに作られ、どのような問題をはらみ、何をもたらそうとしているのか。

416
ひとりビジネス　転身・独立で幸せをつかむ
大宮知信
ひとりだけで起業した人たちのユニークな仕事とライフスタイル。

428
中国ビジネスはネーミングで決まる
莫邦富
中国でいかに消費者をつかむか。ブランドネーミングから見える意外な日中関係。

444
第3次オイルショック　日本経済と家計のゆくえ
永濱利廣
鈴木将之
原油の価格変動のメカニズムと、我々が直面するリスクを詳細に示す！

453
日本の15大財閥　現代企業のルーツをひもとく
菊地浩之
幕末期以降に誕生した財閥が、戦後どのような再編を経て現代企業を形成したか。